Ines Utecht

Weihnachtsgeschichten aus der Lüneburger Heide

Bildnachweis

Titelbild: ullstein bild-Oscar Poss; Hansestadt Lüneburg: S. 7, 9, 23, 26, 51, 59; Schneverdingen Touristik: S. 18, 33, 37; fotolia-Magcips S. 40; fotolia-l.Arte41: S. 43; Berit Ness: S. 62, 67, 75, 79

1. Auflage 2016

Satz und Layout: Christiane Zay, Potsdam
Druck: Zimmermann Druck + Verlag GmbH, Balve
Buchbinderische Verarbeitung: Buchbinderei S. R. Büge, Celle

D-34281 Gudensberg-Gleichen, Im Wiesental 1
Telefon: 0 56 03 - 9 30 50
www.wartberg-verlag.de
ISBN 978-3-8313-2931-1

Inhalt

Verloren und gefunden

Es war ein dämmriger Nachmittag im Dezember, der Samstag vor dem zweiten Advent. Über den Dächern der Lüneburger Altstadt leuchtete kräftiges Abendrot, und die Straßenlaternen waren bereits angegangen. Die Fenster in den Giebeln der alten Häuser waren mit Lichterketten geschmückt, und in den Bäumen rings um den Lüneburger Marktplatz hingen zierliche Glühbirnen und tauchten die Weihnachtsbudenstadt in ein stimmungsvolles Licht. Die kleinen Buden standen dicht an dicht, in ihnen stapelten sich getöpferte Tassen und Teller, Holzspielzeug, Kerzen und Lampen aus rosa schimmernden Salzkristallen, wollene Handschuhe und Schals und jede Menge süßes Naschwerk. Menschen drängten sich über den Marktplatz, tranken Glühwein aus Keramikbechern, und ein Kinderkarussell drehte sich unermüdlich mit immer wieder neu zusteigenden Kindern, denen ihre Eltern begeistert zuwinkten.

Tim, Arne und Malte standen am Rande des Karussells und schauten zu. Mit neun Jahren fühlten sich die drei Freunde zu erwachsen für solchen Babykram wie Karussellfahren, aber sie schielten doch etwas neidisch auf die begeistert im Kreis fahrenden Kinder, die sich dabei offenbar überhaupt nicht lächerlich vorkamen. „Männer“, sagte Malte, „lasst uns an unsere eigentlichen Aufgaben denken!“ Tim seufzte. Sie wollten für ihre Eltern Geschenke kaufen, wussten aber nicht recht, womit sie ihnen eine Freude machen konnten. Außerdem schien alles, was infrage kam, recht teuer zu sein. „Ich muss noch mal meine Kohle zählen“, sagte Tim und kramte seine Geldbörse hervor. Er schüttete den Inhalt in seine Hand und zählte die Münzen. „Fünfzehn Mark und achtzig“, sagte er schließlich. „So viel!?“, sagte Arne. „Ich habe nur zehn Mark, fünf kann ich also für meine Mutter ausgeben und fünf für meinen Vater.“ „Du kannst ja richtig gut rechnen“, grinste Malte. „Oder vielleicht gibst du für deine Mutter ja nur zwei Mark aus und für deinen Vater acht.“ „Für zwei Mark kriege ich hier nichts“, sagte Arne. „Das wollen wir doch mal sehen“, meinte Tim, „wir haben ja noch nicht richtig geguckt, was es alles gibt und was es kostet.“ Lässig stieß er sich mit dem Rücken von der Bude ab, gegen die er sich gelehnt hatte, und die drei setzten sich in Bewegung.

Sie schlenderten entlang der Verkaufsbuden, begutachteten die Geschenke, die die Händler präsentierten, beratschlagten und rechneten. Es duftete verführerisch nach Zuckerwerk, Crêpes und Bratwurst. „Ich muss was essen“, sagte Arne, „eine Tüte gebrannte Mandeln wird wohl drin sein.“ „Dann hast du ja noch weniger Geld“, sagte Tim. „Lass uns lieber schauen, ob wir nicht etwas vom Lebkuchenhaus abbekommen, das ist umsonst.“

Jedes Jahr spendierten die Aussteller des Weihnachtsmarktes ein großes Lebkuchenhaus, das immer am zweiten Adventsonnabend geplündert werden durfte. Es stand in einer Ecke des Marktplatzes und war bereits von einer großen Menschenmenge umringt. Ein rot-weißes Band war rings um das Lebkuchenhaus gezogen. Noch war es nicht zum Naschen freigegeben, das besorgte jeweils ein als Weihnachtsmann verkleideter Helfer. Er war bereits anwesend und schritt in seinem Weihnachtsmannkostüm wichtig vor der Absperrung auf und ab. Schließlich zerschnitt er feierlich das Band, und die Kinder begannen sich um das Lebkuchenhaus zu drängeln.

Arne, der kleinste und dünnste der drei Freunde, zwängte sich geschickt zwischen den anderen Kindern hindurch, bis er direkt am Lebkuchenhaus stand, und brach ein großes, mit buntem Zucker verziertes Stück Lebkuchen ab. Direkt neben ihm verschaffte sich ein dicker Mann mit sehr rotem Gesicht Platz. Mit beiden Händen brach er Stücke vom Dach des Lebkuchenhauses ab und ließ sie in seinen Jackentaschen verschwinden. „Unverschämtheit", entfuhr es Arne, „das ist doch für Kinder gedacht und nicht für Erwachsene!" „Das ist für meine Kinder, und überhaupt – du Lümmel hast mir gar nichts zu sagen", entgegnete der Mann schnaufend und fuhr fort, das Lebkuchenhaus zu bearbeiten. „Das sage ich dem Weihnachtsmann", rief Arne, und der Mann schaute verblüfft. Er war inzwischen nicht mehr der einzige Erwachsene, der sich am Lebkuchenhaus zu schaffen machte. Immer mehr Menschen, große und kleine, drängelten und schubsten.

Arne ließ sich auf die Knie nieder und begann zwischen den Beinen der Menge auf allen vieren zu krabbeln. Sein Lebkuchenstück hielt er fest in der Hand und wollte gerade aufstehen, als er direkt vor sich auf dem Kopfsteinpflaster zwischen den Füßen der Menschen eine Geldbörse erblickte. Sie war abgewetzt und sah nach nichts Besonderem aus, aber es war eindeutig ein Portemonnaie. Arne zögerte kurz, dann nahm er schnell die Geldbörse, steckte sie in seine Jackentasche und stand auf. Seine Freunde warteten ein paar Meter weiter entfernt beim Luna-Brunnen, einem Wahrzeichen Lüneburgs, das jetzt allerdings zwischen den Buden und in dem Gewusel nicht besonders auffiel. „Na, hast du was abbekommen?", fragte Tim. „Jaja", erwiderte Arne ungeduldig, „aber ich habe was gefunden. Kommt mit!"

Er bahnte sich einen Weg in Richtung Rathaus, dessen Fassade sich vor dem Marktplatz erhob und verschwand hin-

Während des Lüneburger Weihnachtsmarktes steigt jeden Nachmittag der Trompeter auf den Rathausturm und spielt weihnachtliche Weisen.

ter den Arkaden. Tim und Malte folgten ihm neugierig und machten große Augen, als er aus seiner Jackentasche die Geldbörse hervorzog. Arne erklärte, wie er sie gefunden hatte und öffnete sie. In der schäbigen, ausgeblichenen Börse steckten zwei Hundert-Mark-Scheine und drei Zehn-Mark-Scheine. „Oh Manno“, rief Arne aufgeregt, „über zweihundert Mark ... so viel Geld! Davon können wir einen ganzen Haufen Geschenke kaufen!“ „Was? Spinnst du?“, sagte Malte entsetzt. „Das ist nicht dein Geld! Das darfst du nicht einfach behalten!“ „Was kann ich dafür, wenn jemand zu blöd ist, auf sein Portemonnaie zu achten“, maulte Arne. „Und wir können es so gut gebrauchen. Ich gebe euch was ab!“ „Nein“, sagte nun Tim. „Malte hat recht. Wir müssen die Geldbörse abgeben." „Vielleicht bekommst du ja einen Finderlohn", versuchte er Arne zu trösten, als er sein enttäuschtes Gesicht sah. „Na gut", murmelte Arne, „dann müssen wir es also zur Polizei bringen. Wo finden wir die? Ich weiß nicht, wo die Wache ist." Mutlos sah er sich um. „Wir fragen jemanden", schlug Malte vor. „Am besten den Weihnachtsmann."

Sie machten kehrt und liefen zurück zum Lebkuchenhaus auf dem Marktplatz. Das sah ziemlich mitgenommen und zerrupft aus, die Plünderei schien offenbar beendet, die Menschenmenge hatte sich zerstreut. Der als Weihnachtsmann verkleidete Helfer kehrte gerade ein paar Lebkuchenreste zusammen, die auf den Boden gefallen waren und brummte vor sich hin. „Entschuldigen Sie", sagte Tim schüchtern, „können Sie uns sagen, wie wir zur Polizei kommen? Wir haben etwas abzugeben." „Ihr seid schon die zweiten, die mich fragen", erwiderte der Mann seufzend. „Gerade eben war ein alter, sehr aufgeregter Mann hier, der seine Geldbörse verloren hat. Er war völlig aufgelöst, er sagte, es sei viel Geld darin gewesen und er wollte Geschenke davon kaufen." „Und was haben Sie ihm gesagt?", fragte Arne aufgeregt. Der Weihnachtsmann sah ihn verständnislos an. „Na, was schon. Zur Polizei habe ich ihn geschickt und ihm gesagt, dass er die Geldbörse sowieso nicht wiedersieht. Es gibt keine ehrlichen Menschen mehr. Ich als Weihnachtsmann habe den Glauben daran verloren." „Wo finden wir die Polizei?", unterbrach ihn Malte ungeduldig. „Geht quer über den Marktplatz und dann links in die Bardowicker Straße. Nach kurzer Zeit kommt ihr auf eine Kreuzung. Dahinter, auf der rechten Seite ist die Wache", erklärte der Weihnachtsmann. „Was habt ihr denn überhaupt abzugeben", rief er ihnen hinterher, aber die Jungen waren bereits davongestürmt.

Luna, die Mondgöttin mit Pfeil und Bogen, auf dem Brunnen am Lüneburger Marktplatz.

Sie rannten den beschriebenen Weg entlang und hatten in kurzer Zeit die Wache erreicht. Sie traten in den kargen Vorraum ein und blickten sich keuchend um. Gegenüber der Eingangstür befand sich ein schmuckloser Tresen, hinter dem ein uniformierter Polizist stand. Er hörte geduldig einem alten Mann zu, der vor dem Tresen stand und ihm mit zitternder Stimme schilderte, dass er auf dem Weihnachtsmarkt sein Portemonnaie verloren habe und nun keine Geschenke kaufen könne. „Vielleicht haben wir Ihre Geldbörse gefunden“, rief Arne dazwischen, und beide, der Polizist und der alte Mann, blickten auf. „Das heißt, ihr habt etwas gefunden?“, fragte der Beamte. „Ja, eine Geldbörse. Eben gerade auf dem Weihnachtsmarkt. Und es ist sehr viel Geld drin, nämlich …“. „Stopp“, unterbrach ihn der Polizist. „Warte mal.“ Er wandte sich dem alten Mann zu. „Wie viel Geld, sagten Sie, war in Ihrem Portemonnaie? War noch etwas anderes darin außer Geld? Und wie sieht es aus, Ihr Portemonnaie?“ „Es waren zweihundertdreißig Mark darin“, antwortete der alte Mann mit immer noch zitternder Stimme, „und vielleicht ein oder zwei Bons. Und meine Bankkarte natürlich. Und meine Krankenkassenkarte. Das Portemonnaie ist nicht mehr das Schönste. Es war mal braun, ist jetzt aber ausgeblichen und an manchen Stellen ausgefranst.“

„So, Jungs, dann zeigt mal her“, forderte der Polizeibeamte die drei Freunde auf, und Arne zog das Portemonnaie hervor und gab es ihm. „Das ist es, das ist es!“, stieß der alte Mann hervor. „Oh, Jungs, ihr seid echte Pfundskerle! Ihr wisst gar nicht, welche gute Tat ihr damit getan habt!“ Der Beamte überprüfte den Inhalt der Geldbörse und die Personalien des alten Mannes und sagte dann: „Es stimmt alles. Da haben Sie aber wirklich Glück gehabt mit solchen ehrlichen Findern.“ „Ja“, sagte der, nun freudestrahlend und wandte sich an Tim, Arne und Malte. „Weil ihr so ehrlich gewesen seid, sollt ihr jeder einen kleinen Finderlohn bekommen.“ Er zog drei Zehn-Mark-Scheine aus dem Portemonnaie und überreichte sie den Jungen mit einer kleinen ulkigen Verbeugung. Diese waren nun doch etwas beschämt, und Tim murmelte: „Aber das wäre doch nicht nötig gewesen … ist doch selbstverständlich.“ „Aber jetzt kann ich besser Geschenke für meine Eltern kaufen“, platzte Arne heraus. „Ich muss nämlich ziemlich aufs Geld achten“, teilte er dem alten Mann ernst mit. Der nickte und sagte ebenso ernst: „Das kann ich gut verstehen, junger Mann. Mir geht es nämlich genauso.“ „Dann müssen Sie aber besser auf Ihre Wertsachen achten“, sagte Malte unverblümt, wurde aber sofort knallrot und überlegte, wie er die vorlaute Bemerkung abmildern könnte. Der Polizeibeamte aber lachte laut und sagte: „Wo der Junge recht hat, hat er recht.“

Die anderen stimmten in das Gelächter ein und verließen schließlich das Polizeigebäude. Es war dunkel geworden und das Einkaufen musste auf einen anderen Tag verschoben werden. Der alte Mann und die drei Jungen verabschiedeten sich voneinander und dankten sich gegenseitig. Und Arne war froh, dass er auf seine Freunde gehört und das Portemonnaie zur Polizei gebracht hatte.

Der tierische Retter an Heiligabend

❄ ❄ ❄

Felix saß auf dem Läufer vor der Haustür und tat unbeteiligt. Die Ohren aufgestellt, die Rute gesenkt, mit halbwegs beleidigtem Blick beobachtete der Foxterrier aus dem Augenwinkel, wie Arnold Schneider sich Schuhe und Mantel anzog. Hin und wieder durchlief ein Zittern den Körper des Hundes, als ob ihm etwas Bedrohliches oder zumindest Aufregendes bevorstünde. Arnold legte ihm Halsband und Leine an, und Felix' Zittern verstärkte sich, denn er wusste, dass es nun hinausging. In dem Moment, als sie das Haus verließen, war Felix wie ausgewechselt – fröhlich wedelte er mit dem Schwanz und lief eifrig neben seinem Herrn her. Das machte er immer so, Arnold und seine Familie waren noch nicht dahintergekommen, was dieses Theater sollte.

Felix hatten sie vor genau zwei Jahren zu sich geholt, zu Weihnachten 1956, für die Kinder Philipp und Clara. Sie waren damals zehn und acht Jahre alt, und ihre Mutter Anette fand, die Kinder sollten lernen, Verantwortung für ein Tier zu übernehmen. Brav gingen die Kinder abwechselnd jeden Morgen vor der Schule und nachmittags mit Felix spazieren; die Erziehung des kleinen Frechdachses, der in seinen ersten Lebensmonaten Teppiche ankaute, Hausschuhe zerfetzte und freudig an Besuchern hochsprang, übernahm ihre Mutter. Für die Anschaffung des Hundes hatte Arnold zur Bedingung gemacht, dass er sich um Felix nicht besonders kümmern müsse. „Wenn ihr den Hund wollt, müsst ihr auch für ihn sorgen", befand er, „aber ich brauche keinen."

Was er nicht bedacht hatte, war Felix' Fähigkeit, nahezu jeden um den Finger zu wickeln. Harmlos und treuherzig schaute er drein, wenn er wieder einmal Blödsinn gemacht hatte, und begann jemand mit ihm zu schimpfen, rollte er sich auf den Rücken und hob alle viere in die Luft. Kam Arnold abends müde von der Arbeit nach Hause, saß Felix bereits im Flur und brachte sich schier um vor Freude. Saß er gemütlich im Ohrensessel und wollte Zeitung lesen, brachte Felix ihm einen alten Knochen, einen Gummiball oder etwas anderes, ließ ihn vor Arnolds Füße fallen und schaute ihn erwartungsvoll an. Seufzend warf Arnold dann das Spielzeug durch das Zimmer, Felix jagte hinterher und legte es wieder und wieder vor Arnolds Füße. So eroberte er nach und nach das Herz seines Herrn, den er längst zum Chef des Familienrudels auserkoren hatte. Was das Spazierengehen mit Felix anging, weigerte sich Arnold jedoch standhaft – er hatte dazu keine Lust und fand außerdem, dass das nicht nötig sei. Ein Hund gehörte seiner Ansicht nach eigentlich nach draußen, in einen Zwinger oder wenigstens in eine Hundehütte, eine Ansicht, die seine Familie allerdings nicht teilte. Immerhin hatte das Haus, das er in Schneverdingen in der südlichen Lüneburger Heide mit seiner Familie bewohnte, ein großes eingezäuntes Grundstück. Dort, so fand Arnold, konnte sich Felix gründlich austoben, was dieser auch tat, Mäuse jagte und Kartoffeln aus dem Beet grub, die Anette gepflanzt hatte.

An jenem 24. Dezember 1958 aber schien Arnold keine Wahl zu haben. Anette bat ihn, für zwei Stunden mit Felix zu verschwinden, damit sie in der Zwischenzeit die Weihnachtsgans vorbereiten konnte. Die Kinder taten geheimnisvoll und wollten Geschenke einpacken. Der Gang in die alte Kirche

Peter und Paul war zu fünf Uhr nachmittags geplant. „Für dich gibt es weiter nichts zu tun“, sagte Anette, „und wenn Felix jetzt noch einmal ordentlich Auslauf bekommt, ist er nachher umso ruhiger.“ „Ach, und einfach hierbleiben und Zeitung lesen darf ich nicht“, brummte Arnold. „Schatz, tu mir den Gefallen, bitte. Wir sind hier alle beschäftigt. Und die Zeitung hast du doch schon rauf und runter gelesen“, erwiderte Anette. Seufzend hatte Arnold nachgegeben.

Nun stapfte er also mit Felix an der Leine den verschneiten Weg entlang seines kleinen Hauses, den Hut tief ins Gesicht gezogen, den Kragen seines Mantels hochgestellt. Es war wenigstens schönes Winterwetter, zwar etwas dunstig, aber trocken und kalt, und er beschloss, einen Spaziergang durch das nahe gelegene Pietzmoor zu machen. Es war ein uraltes Moor, über 7500 Jahre alt, und ein ebenso ungewöhnliches wie schönes Gebiet zum Wandern. Torf wurde hier gewonnen, mit dem die Menschen ihre Häuser beheizten. Im Frühjahr überzog eine zarte Wollgrasblüte das Moor, totes Geäst ragte aus den Gräben und Torfstichen, und gelbe Moorlilien und rosa Glockenheide blühten. Jetzt war die Landschaft von einer Schneedecke überzogen, leichter Nebel lag über den Torfweihern, und Birken im Raureif säumten die Wege, die Arnold gut kannte. Das war vor allem in dieser Jahreszeit wichtig, da sich die Wege mitunter im Sumpf verloren. Es war still, als er mit Felix in die Moorlandschaft hineinwanderte. Kein Mensch war zu sehen – was Wunder, dachte Arnold, jetzt sind alle zu Hause, nur ich nicht.

Felix ließ er sicherheitshalber an der Leine; wer weiß, was geschehen würde, wenn irgendwo ein Hase auftauchte oder ein Birkhuhn aufflatterte. Felix’ Jagdtrieb war sehr ausgeprägt, und wenn ein interessantes Tier auftauchte, vergaß er schnell, auf einen Rückruf zu hören.

Eine gute Stunde war Arnold unterwegs, als Felix an der Leine zu zerren begann und aufgeregt am Boden herumschnüffelte. Offenbar gab es eine gut riechende Fährte. Er strebte vom Weg Richtung Graben, und Arnold beschwichtigte ihn: „Na komm, Felix, lass uns weitergehen, hier ist doch nichts." Felix ignorierte die gut gemeinten Worte und zog weiter an der Leine. Brummend folgte ihm Arnold und schritt vorsichtig in den Graben hinein. Felix zog so stark, dass ihm das Halsband die Luft abdrückte und er zu keuchen begann. „Nun ist es genug", sagte Arnold und begann seinerseits, Felix zurückzuziehen. Er tat einen Schritt rückwärts, und da er nicht sah, wohin er trat und die Schneedecke den unebenen Boden darunter verbarg, konnte er das Erdloch nicht ahnen, in das er nun geriet. Sein Fuß fand keinen Halt, knickte um, und ein brennender Schmerz durchzuckte Arnolds Knöchel. Er stöhnte laut auf und sackte in den Schnee.

Unfähig aufzustehen, drehte sich Arnold um und kroch auf allen vieren zurück auf den Weg, die Hundeleine fest in der Hand haltend. Er stöhnte wieder und schob sich weiter vorwärts bis zu einer Birke. Er kniete sich hin, zog sich mit den Händen am Stamm hoch und setzte den rechten Fuß auf. Auf einem Bein stehend versuchte er nun vorsichtig, den linken Fuß aufzusetzen – sogleich stieß er einen Schmerzenslaut aus und setzte sich stöhnend in den Schnee. „Verdammter Mist", fluchte Arnold ganz unweihnachtlich und sah sich um. Weit und breit war niemand zu sehen. Er blickte auf seine Uhr. Es war halb vier, die Sonne stand tief am Horizont. In einer halben Stunde wollte er eigentlich zu Hause sein. Auf zwei Beinen war das realistisch, nicht aber auf allen vieren. Es war ihm unmöglich aufzustehen. Kroch er nach Hause, würde er Ewigkeiten brauchen, es würde dunkel, und kalt war es auch. Abgesehen davon tat ihm der Fuß selbst beim Kriechen höllisch weh.

Felix begann zu winseln, beschnüffelte Arnold, wie er da im Schnee saß, und leckte ihm die Hand. Arnold streichelte ihn, und plötzlich kam ihm eine Idee. „Felix, mein Guter“, sagte er, „du musst mir jetzt mal helfen.“ Er kramte in seiner Manteltasche und holte ein Taschentuch hervor. Es gehörte Anette, sie hatte es vor Kurzem versehentlich in seine statt in ihre Manteltasche gesteckt. Es war kaum benutzt und duftete schwach nach Anettes Parfüm. Er löste Felix' Leine vom Halsband und hielt ihn fest, während er mit der anderen Hand Felix das Taschentuch unter die Nase hielt. Der begann, intensiv daran zu schnüffeln, jaulte und zerrte nun wieder heftig am Halsband. „Du musst Frauchen suchen“, sagte Arnold eindringlich, „such Frauchen! Such!“ Mit diesen Worten ließ er Felix los, und der Hund schoss wie ein geölter Blitz den Weg zurück, den sie gekommen waren, bis sein weiß-braunes Fell mit dem schneebedeckten Weg in der Dämmerung verschwamm.

Arnold sah dem immer kleiner werdenden Fellknäuel hinterher, und er fühlte Beklommenheit in sich aufsteigen. Noch nie hatte jemand aus der Familie versucht, Felix auf die Fährte eines Menschen zu setzen. Hoffentlich klappte es, und Felix würde den Weg nach Hause finden und Hilfe holen. Arnold kroch weiter auf allen vieren den Weg in die Richtung, in die Felix verschwunden war. Etwa fünfzig Meter weiter war eine Bank zu sehen, bis dort wollte er es schaffen und warten.

Unterdessen rannte Felix unbeirrt den Weg entlang, hinaus aus dem Moor, an dessen Ende er zielsicher links abbog und geradewegs auf das Haus der Familie zulief. Mit der Schnauze stieß er die angelehnte Gartenpforte auf und lief zur Haustür, an der er Männchen machte und so lange mit den Pfoten kratzte, bis sie von drinnen geöffnet wurde. Clara stand in der Tür und staunte nicht schlecht, als sie den Hund ohne seinen Herrn fand. „Felix … du? Wo hast du denn Papa gelassen?“ Sie blickte suchend in den Garten hinaus, während Felix an ihr vorbei ins Haus drängte. Hinter ihr erschien die Mutter. „Na, was ist, Clara? Mach die Tür zu, es wird kalt“, sagte sie. „Papa ist nicht da“, erwiderte Clara. „Wieso? Was meinst du damit? Wo ist er denn?“, fragte Anette und steckte nun doch die Nase zur Tür hinaus. „Ich weiß nicht“, erwiderte Clara, „er ist nicht mitgekommen. Und Felix ist ohne Leine …“

In Hausschuhen lief Anette den verschneiten Weg entlang bis zur Gartenpforte und spähte von dort aus die Straße hinunter. Die Sonne war inzwischen untergegangen. Die Häuser entlang der Straße waren schwach erleuchtet, hie und da waren brennende Kerzen in den Fenstern zu sehen. Auf der Straße war niemand. Anette stand einen Moment und wartete, aber Arnold kam nicht. „Mama“, rief Clara von drinnen, „Felix hat irgendetwas, komm mal.“

Anette kehrte ins Haus zurück, und tatsächlich gebärdete sich Felix drinnen unruhig, ja geradezu wie toll. Er lief aufgeregt im Kreis herum, winselte, setzte sich zwischendurch hin und lief schließlich zur Haustür, die Anette hinter sich geschlossen hatte. Er starrte die Tür an, als würde sie sich jeden Moment öffnen, und Clara meinte: „Mama, er will uns etwas sagen! Vielleicht ist Papa etwas zugestoßen. Wir müssen ihn suchen!“ „Möglicherweise weiß Felix, wo Papa ist und kann uns zu ihm führen“, sagte Anette, lief in die Küche, stellte den Ofen aus, in dem die Weihnachtsgans bereits brutzelte und rief nach Philipp. Sie erklärte ihm kurz, was geschehen war und bat ihn, den Schlitten aus dem Schuppen zu holen. „Den werden wir vielleicht brauchen“, murmelte sie, während sie und Clara rasch in Winterstiefel und Jacken schlüpften. Sie verließen mit Felix das Haus und trafen vor der Tür auf Philipp, der dort bereits mit einem Schlitten und zwei Laternen wartete. Anette entzündete sie, während Felix wieder wie toll an der Leine zerrte, die sie ihm angelegt hatten. Sie ließen ihn gewähren und zielsicher führte Felix sie ins Moor. So schnell es im Schein der Laternen ging, eilten sie den Wanderweg entlang und fanden schließlich den vor Kälte zitternden Arnold auf der Bank. Felix bellte und sprang an ihm hoch, während Arnold berichtete, was passiert war.

Auf dem Holzbohlenweg durch das Pietzmoor bei Schneverdingen lässt es sich zu jeder Jahreszeit wunderbar wandern.

„Wir müssen Dr. Klingbiel verständigen", sagte Anette seufzend, „womöglich ist dein Fuß gebrochen." Sie verfrachteten Arnold auf den Schlitten, und Clara und Philipp zogen ihn mit vereinten Kräften nach Hause, während Anette mit beiden Laternen voranlief. Felix lief neben seinem Herrn her und Arnold lobte ihn: „Das hast du ganz brav gemacht, toller Kerl!"

Im Ort angekommen, kamen sie am Hause des Dorfarztes Dr. Klingbiel vorbei und klingelten an der Tür. Dr. Klingbiel öffnete persönlich und staunte nicht schlecht über den Besuch zu ungewohnter Stunde. Anette erzählte ihm von dem Unfall und bat ihn, dass er Arnold untersuchen möge, obwohl oder gerade weil es Heiligabend war. Anette und Dr. Klingbiel stützten Arnold, sodass er auf einem Bein ins Haus hüpfen konnte. Die Kinder schickte Anette nach Hause, sie sollten Felix mitnehmen und den Ofen wieder anstellen, vielleicht würden sie später zumindest gemeinsam die Weihnachtsgans verzehren können. Dr. Klingbiel tastete den Knöchel ab, den Arnold, als er auf der Bank wartete, klugerweise mit Schnee gekühlt hatte. „Mein Fuß ist ein Eisklumpen", stöhnte er, „ich spüre meine Zehen nicht mehr." „Nun mal nicht jammern, lieber Freund", beschwichtigte Dr. Klingbiel, „Sie haben Glück im Unglück gehabt. Der Knöchel ist nicht gebrochen, nur tüchtig verknackst. Ich werde Ihnen einen ordentlichen Stützverband machen, und dann legen Sie für den Rest des Weihnachtsfestes den Fuß hoch und lassen sich von Ihrer Familie bedienen. Ist das ein guter Vorschlag?" „Was bleibt mir anderes übrig?", brummte Arnold, der aber im Grunde erleichtert war, dass er sich den Fuß nicht im Krankenhaus eingipsen lassen musste. Dr. Klingbiel versorgte ihn also, bandagierte den Fuß und versprach, Krücken zu organisieren, auf denen Arnold sich im Haus fortbewegen konnte.

Gemeinsam mit Anette stützte er Arnold und begleitete die beiden nach Hause. Sie dankten ihm für seine Hilfe, die nicht selbstverständlich war an Heiligabend. An den Kirchgang war natürlich nicht zu denken, der Gottesdienst hatte ohnehin längst begonnen, und so betraten sie das Haus, Arnold humpelnd und an Anettes Arm gestützt. Drinnen hatten die Kinder Kartoffeln und Rotkohl aufgesetzt und den Tisch im Wohnzimmer gedeckt. Die Gans war gerade fertig gebraten, als Anette nach ihr schaute; die Kinder hatten, wie ihnen aufgetragen, den Ofen wieder angestellt. Philipp entzündete die Kerzen am Tannenbaum, während Anette Geschenke unter dem Weihnachtsbaum verteilte. Zuletzt trug Anette einen nagelneuen großen Fußhocker herbei, der von Aussehen und Verarbeitung her genau zu dem Lehnstuhl passte, der in der Ecke des Wohnzimmers stand. Das war das Geschenk, das sie für Arnold besorgt hatte. „Schau mal, Schatz, das kommt doch jetzt wie gerufen“, sagte sie zu ihrem Mann. „Zwar habe ich beim Kauf des Hockers nicht gewusst, dass du dir den Fuß verstauchen würdest, aber du kannst ihn jetzt offenbar gleich einweihen.“ „Oh, danke“, sagte Arnold erfreut, „ja, den werde ich brauchen, und Dr. Klingbiel sagte ja, dass ich den Fuß hochlagern soll.“

Zunächst aber setzten sie sich an den Tisch, ließen sich das Weihnachtsessen schmecken und unterhielten sich über diesen ungewöhnlichen Heiligabend. „Felix hat sich wirklich bewährt als Retter“, meinte Arnold und sah sich suchend nach dem Hund um. In all der Aufregung hatten sie nicht mehr auf ihn geachtet. „Guckt mal“, rief Clara und zeigte auf den neuen Fußhocker, den Anette vor den Lehnstuhl gestellt hatte. Felix hatte es sich darauf gemütlich gemacht, sich zusammengerollt und schlummerte tief und fest. „Das hat er sich wirklich verdient“, sagte Arnold.

Die Nacht im Lüneburger Rathaus

Einen schöneren Ort zum Arbeiten konnte es nicht geben, dachte Wiebke Jansson an jenem kalten Dezembermorgen, als sie an der prächtigen Barockfassade des Lüneburger Rathauses vorbei und weiter entlang der Nordseite des Gebäudes lief, bis sie am Seiteneingang anlangte. Vor der Rathausfassade auf dem Marktplatz schienen die Buden des Weihnachtsmarktes noch vor sich hinzuträumen, er öffnete erst in einer Stunde. Vom Seitengang führten ein paar steile Stufen hinauf zur schweren grün gestrichenen Tür, die sie mit einem mächtigen Schlüssel aufschloss. Es war neun Uhr, doch die 41 Glocken des Rathausturmes schlugen nicht – zu empfindlich reagierte dieses Glockenspiel aus Meissner Porzellan auf Kälte und wurde deshalb während der Winterzeit abgestellt.

Noch war es still in diesem Teil des Rathauses – hier befanden sich keine Büros, im Gegensatz zur Süd- und Ostflanke des altehrwürdigen über 700 Jahre alten Hauses, das nicht nur wichtige Sehenswürdigkeit war, sondern auch als Sitz der Stadtverwaltung diente. Wiebke Jansson jedoch war keine Verwaltungsangestellte, sondern seit zwei Jahren Rathausführerin. Sie war gerade 25 Jahre alt, kam frisch von der Uni und verlor als geschichtsbegeisterte Kulturwissenschaftlerin auf der Stelle ihr Herz an das Lüneburger Rathaus, da sie es zum ersten Mal betreten hatte. Lebendig erschienen ihr die Räume, die so alt und angefüllt waren mit kostbarster Kunst und von lange vergangenen Zeiten erzählten.

Sie hospitierte bei der Tourist Information und ließ sich von älteren, erfahrenen Rathausführerinnen Dinge erklären, die in keinem Geschichtsbuch standen. Wenige Monate später war sie so weit und führte täglich Touristen durch die prächtigen Räume, erzählte von Empfängen der alten Hansestadt, die einst in den Sälen des Rathauses stattgefunden hatten und verwies mit glänzenden Augen auf prachtvolle Deckenmalereien und Holzschnitzereien, die zu Gerechtigkeit gegenüber den Menschen mahnten. Sie erklärte Besuchern die Bedeutung mittelalterlicher Sprichworte oder berichtete von den Gepflogenheiten der Lüneburger Ratsleute, die ehemals in den jahrhundertealten Räumen tagten. In ihrer Freizeit las sie alles, was sie zur Geschichte des Rathauses und der Stadt finden konnte. Streng verwies sie mutmaßliche oder ungenaue Darstellungen Dritter über das Rathaus ins Reich der Fantasie. So hatte Wiebke ihren Traumjob gefunden. Und jeden Tag, da sie die Treppen hinaufeilte in „ihr" Rathaus, flüsterte sie ihm zu: „Guten Morgen, du Schöne."

So auch an diesem frostigen, klaren Morgen, als sie den Warteraum für die Besucher betrat. Es war noch etwas Zeit, bis die Gäste zur ersten Führung des Tages eintreffen würden. Jetzt, in der Adventszeit, waren sehr viele Besucher in der alten Hansestadt Lüneburg unterwegs, und die Führungen durch das Rathaus waren gut gebucht. Wiebke beschloss nachzusehen, ob im Fürstensaal, in dem am Abend zuvor ein Konzert stattgefunden hatte und alles aufgeräumt war. Sie stieg die breite, steile Holztreppe empor und eilte linkerhand durch die Räume, bis sie den langgestreckten Fürstensaal erreichte.

Der Fürstensaal im Lüneburger Rathaus – hier wurden zur Zeit der Renaissance Hansetage und Empfänge abgehalten.

Mächtige Kronleuchter mit echten Kerzen hingen von der Decke herab, die von bemalten Balken durchzogen waren. Die großen Fenster des Saals, in dem gemäß seines Namens früher Landesherren empfangen wurden, zeigten gen Osten, und einen Moment lang stand Wiebke in dem großen, sonnendurchfluteten Raum und überlegte wie schon oft, wie es wohl sei, in so einem Haus zu wohnen, wenigstens zeitweilig. Umgeben von so viel Geschichte … Fast anmaßend schien ihr der Gedanke, aber nun – warum sollte man nicht hin und wieder ein bisschen spinnen. Die Sonne wärmte nur wenig, sie hauchte ihre Finger an und begann, die Stühle, die vom Konzert des Vorabends in Reihen standen, zu kleinen Türmen zu stapeln. Sie tat es langsam und vorsichtig, denn sie war schwanger und wollte sich nicht überanstrengen. Das Kind sollte im Februar zur Welt kommen, und noch vor Weihnachten plante Wiebke, in die Babypause zu gehen. Sosehr sie sich freute, so bedauerte sie gleichsam, ebenfalls Pause von ihrer Arbeit machen zu müssen. Während sie Stuhl um Stuhl stapelte, schauten von den Bildern des Saales Landesfürsten würdevoll auf sie herab und schienen wohlwollend zuzusehen, wie sie Ordnung in dem Raum schuf. Als sie ihre Arbeit beendet hatte, war es an der Zeit, ihre erste Gästegruppe in Empfang zu nehmen, und sie lief die Treppe wieder hinunter, betrat den kleinen Warteraum und begann, die Kasse einzurichten. Wenig später war sie mit fünfzehn Besuchern im Rathaus unterwegs.

Ein Stockwerk tiefer, im Erdgeschoss des riesigen Rathauskomplexes, war die Tourist Information der Stadt untergebracht. Dort öffneten zur Stunde Wiebkes Kolleginnen Katharina, Marion, Anne und Dörte die Türen und begannen ihrerseits, ihren Arbeitsalltag vorzubereiten. Während sie die Computer anschalteten und Post öffneten, besprachen sie zu erledigende Aufgaben. „Wollen wir Wiebke eigentlich etwas zum Abschied schenken“, fragte Marion ihre Kolleginnen, „oder erst zur Geburt? Und im Januar hat sie sowieso Geburtstag, aber dann ist sie schon nicht mehr hier.“ „Hm“, überlegte Dörte laut, „ich dachte auch schon daran. In der Elternzeit wird sie einige Zeit auf uns und das Rathaus verzichten müssen.“ „Na, auf uns verzichtet sie bestimmt leichter als auf ihr geliebtes Rathaus“, frotzelte Anne, „vielleicht sollten wir ihr ein großes Foto vom Rathaus rahmen lassen. Dann hat sie es zu Hause immer vor Augen.“ „Ich habe eine andere Idee“, sagte Katharina, „etwas ganz Ausgefallenes, etwas, das sie jetzt noch machen kann und dann einige Zeit erst mal nicht mehr.“ Die anderen schauten Katharina neugierig an. „Was meinst du?“, fragte Dörte. „Dieses Geschenk würde sie so schnell bestimmt nicht vergessen“, sagte Katharina und lächelte verschmitzt. „Nun mach es nicht so spannend“, drängte Anne und Katharina setzte gerade an, ihre Idee zu erklären, als Kunden die Tourist Information betraten und keine Zeit mehr für private Gespräche war. Den ganzen Tag über strömten die Gäste und Besucher des Weihnachtsmarktes herein, kauften Weihnachtssouvenirs und Tickets für Adventsführungen. Am Nachmittag postierte sich ein Bläserorchester vor den Fenstern und spielte weihnachtliche Weisen, deren Klänge durch die geöffnete Tür drangen. Erst später, kurz vor Feierabend wurde es wieder ruhiger, und Katharina konnte endlich von ihrer Geschenkidee erzählen. „Meinst du, das geht?“ … „Ob sie das gut findet …?“ … „Das können wir doch nicht einfach so machen“ … „Ist das nicht zu aufwendig?“, fragten Katharinas Kolleginnen durcheinander. „Wir müssen um Erlaubnis fragen“, sagte Katharina, „aber es sollte gehen.“

Als Wiebke wenige Tage später offiziell ihren letzten Arbeitstag hatte, überreichten ihr die Kolleginnen am Nachmittag einen Blumenstrauß und einen Briefumschlag. Wiebke öffnete ihn und las laut: „Gutschein für eine Übernachtung mit Frühstück für zwei Personen im Rathaus.“ Fragend sah sie ihre Kolleginnen an. Sie wusste, dass sie Hotelzimmer an Touristen vermittelten und fragte ahnungslos: „Gibt es ein Hotel mit dem Namen ‚Rathaus‘?“ „Oh, Wiebke“, stöhnte Katharina, „wir schenken dir eine Übernachtung im Lüneburger Rathaus – in deinem Rathaus!“ „In meinem Rathaus“, wiederholte Wiebke völlig perplex, „aber das ist ja … das ist

Die Rückseite des Lüneburger Rathauses mit dem verschneiten Rathausgarten und -turm.

ja einfach … ihr seid ja großartig", stammelte sie, nun strahlend. „Wie geht das? Wo soll ich denn dort schlafen?" „Also", sagte Katharina, „du nimmst deinen Schatz Torsten mit, damit du nicht allein im großen, dunklen Rathaus bist. Wer weiß, vielleicht spuken dort irgendwelche ruhelosen Geister lange verblichener Ratsherren herum. Feldbetten, Taschenlampe und Picknickkorb bekommst du von uns." „Wir müssen nur dem Wachdienst vorher Bescheid sagen – nicht dass du verhaftest wirst", ergänzte Anne. Wiebke war sprachlos. Eine Nacht im Rathaus! „Ich danke euch", sagte sie schließlich und strahlte nun über das ganze Gesicht, „so was kann auch nur euch einfallen. Ich muss es bald machen, wenn das Kind erst mal da ist, geht es nicht mehr."

„Genau“, pflichtete Katharina ihr bei, „warte nicht zulange. Wir müssen Herrn Meyerding von der Verwaltung Bescheid geben, wenn du dort übernachtest. Wir haben ihn aber vorher gefragt, ob das in Ordnung geht. Es ist eine absolute Ausnahme, aber da wir ihm von deiner Rathaus-Verrücktheit erzählten, hat er es erlaubt.“

Wiebke wartete nicht lange, gleich für den Freitag in der Woche darauf, den 21. Dezember, plante sie die Übernachtung im Rathaus. Ihr Freund Torsten lächelte nachsichtig, als sie ihm von dem besonderen Geschenk berichtete. Natürlich würde er mitkommen zu dieser Übernachtung, sagte er, so etwas gäbe es nicht alle Tage, und er freue sich, dies mit Wiebke gemeinsam zu erleben.

Am Freitagnachmittag trafen die beiden im Rathaus ein. Wiebkes Kolleginnen hatten im Fürstensaal nahe der großen Fenster zwei Feldbetten aufgestellt, die sie über gute Kontakte zum örtlichen Technischen Hilfswerk hatten leihen können. Der Holzfußboden schimmerte matt in der Dämmerung, zwischen den Feldbetten stand ein Picknickkorb, gefüllt mit Früchten, Brot, Käse, Lebkuchen und anderen Leckereien. Schlafsäcke hatten Torsten und Wiebke mitgebracht. Bald würden sie das Licht einschalten müssen, Kerzen waren im Rathaus nicht erlaubt. Torsten nahm Orangensaft und eine Piccoloflasche Sekt aus dem Picknickkorb und mischte beides in zwei Gläsern, wobei er darauf achtete, dass Wiebke nur einen winzigen Schluck Sekt in ihre Mischung bekam. Sie traten ans Fenster, prosteten sich zu und schauten auf den Marktplatz zu ihren Füßen hinunter. Dort herrschte buntes Treiben, der Weihnachtsmarkt war im vollen Gange. Menschen schlenderten zwischen den Buden umher oder standen in Grüppchen zusammen und tranken Glühwein. In den kahlen Bäumen, die den Marktplatz säumten, hingen kleine Glühlämpchen und beleuchteten die Budenstadt. Noch bis zum Dreikönigstag würden sie dort hängen, ebenso wie die Lichterketten, die die prächtigen Giebel der umstehenden Häuser schmückten.

Etwas später bekam Torsten eine exklusive Sonderführung durch das Rathaus – Wiebke zeigte und erklärte ihm die kostbaren Räume, wie etwa die Gerichtslaube, das Gewandhaus und die Große Ratsstube. Als es Abend wurde, plünderten sie gemeinsam den Picknickkorb und plauderten, eingekuschelt in ihre Schlafsäcke, lange bis in die Nacht hinein. Als Torsten bereits eingeschlafen war, blickte Wiebke noch eine Weile ins Dunkel. Die Laternen vom Marktplatz warfen ein schwaches Licht durch die Fenster, und es roch leicht muffig und nach altem Holz. Es war ganz still, nur hin und wieder knackte es in dem alten Gebälk des Fürstensaals. Das Kind in ihrem Bauch bewegte sich langsam und scheinbar verschlafen, es schien sich an der ungewohnten Schlafumgebung jedenfalls nicht zu stören. Wiebkes Lider wurden schwerer, auch für sie hatte es nichts Seltsames an sich, nachts in diesem riesigen Raum zu sein. Einmal hier wohnen, dachte sie, bevor sie einschlief.

Eine Schäferfamilie und ihr Christkind

Willem Hagedorn trat vor die Tür seines Hofes und sog die frische, klare Winterluft ein. Die Morgensonne sandte schräge Strahlen über die weiten Heideflächen, und es versprach ein schöner Tag zu werden. Aus den Ställen hinter dem Hof war beharrliches Blöken zu hören – Willems Heidschnucken wussten, dass es bald hinausgehen würde und machten sich lautstark bemerkbar. Willem legte seine Pfeife auf die Findlingsmauer, die den Hof umgab und ging durch den hinteren Ausgang zu den Ställen. Sein Hof lag im Ortsteil Behringen bei Bispingen, und jeden Tag zog er mit der Herde durch die Heide. Genau 365 Tiere waren es, so viele, wie das Jahr Tage hatte. Willem lebte vom Verkauf der Wolle und des Fleischs der Tiere und außerdem vom Verkauf des Heidehonigs, den er über seine Bienenvölker erzeugte. Und er verkaufte ab und an auch ein paar Heidschnucken. Diese robuste, anspruchslose Schafsrasse war wichtig für die Lüneburger Heide. Die Schnucken knabberten am Heidekraut und verjüngten es auf diese Weise, sodass die Heide gut nachwachsen konnte. Willems Heidschnucken sorgten so zusammen mit Tausenden anderen Heidschnucken in der Region für den Erhalt der Heide.

Dieser 24. Dezember 1953 war ein Tag wie jeder andere, für die Tiere und für Willem. Er trieb sie aus dem Stall, nahm seinen Stab, zog den breiten Schäferhut tief ins Gesicht und wanderte los. Mit seiner Schnuckenherde und den beiden

Hütehunden Bernie und Foxi ging er von Behringen in Richtung Niederhaverbeck. Er freute sich über den diesjährigen milden Winter, es lag kein Schnee und seine Tiere würden mühelos an die harten, trockenen Zweige des Heidekrautes herankommen. Der letzte Winter war streng gewesen, zwanzig Lämmer hatte er verloren.

Immer öfter traf er bei seinen Wanderungen durch die Heide auf Touristen, die seine Tiere bestaunten und sie streicheln wollten und zurückzuckten, wenn sie über die fettig wirkende Wolle strichen.

Im Spätsommer, während der Heideblüte, kamen sie in Scharen, wanderten singend durch die Landschaft oder stürzten sich auf die Kutschen, die die Gäste durch die Heide transportierten. Auch auf der Kutsche sangen sie, begrüßten lautstark Gäste anderer Kutschen und stellten dem Kutscher allerlei Fragen. Der streifte die Pferde mitunter mit der Peitsche und brachte sie dazu, in eine schnellere Gangart zu verfallen. Dann ging es ein paar Meter im Galopp über die sandigen Wege, die Kutsche schaukelte wild, und die Damen kreischten laut. Vor ein paar Jahren hatte Willem sogar Filmdreharbeiten in der Heide beobachtet – eine Fernsehtruppe war unterwegs mit Kamera, eine sehr schicke junge Schauspielerin mit kurzen, dunklen Locken und dem Namen Sonja schien die Hauptrolle zu spielen. Jedenfalls rief der Regisseur sie ständig bei diesem Namen. Als Willem seiner Brigitte davon erzählte, geriet diese in Aufregung und sagte: „Das ist doch Sonja Ziemann gewesen, die ist ganz bekannt! Ich habe gelesen, dass sie jetzt in der Lüneburger Heide einen Film dreht. Ja, und hast du denn nicht nach einem Autogramm gefragt?“ Willem starrte seine Frau verständnislos an und sagte schließlich: „Liebling, zum Autogramme jagen habe ich keine Zeit.“

Oft nahm Willem seinen Sohn Dirk mit, gerade an den Tagen, da dieser, wie heute, schulfrei hatte. Er sollte dem Vater helfen und schon früh das Handwerk des Schäfers lernen, denn sicher würde er wie sein Vater und auch schon sein Großvater einmal Schäfer werden, wenn er groß war. Heute aber hatten sie vereinbart, dass er bei der Mutter bleiben sollte, denn sie war schwanger, und die Geburt des zweiten Kindes war nicht mehr weit. Brigitte war sehr rund und mittlerweile etwas schwerfällig, und Dirk mit seinen sieben Jahren konnte seiner Mutter schon gut zur Hand gehen, zum Beispiel den Tisch decken, Kohlen aus dem Keller holen oder die Fußböden kehren.

Er war missmutig, lieber wäre er mit dem Vater gegangen. Das war viel aufregender als daheim zu sein. Manchmal rannte ein Schaf davon und musste mithilfe der Hunde wieder eingefangen werden. Mitunter begegneten sie einer anderen Herde mit Schäfer, mit dem sein Vater sich unterhielt, während Hunderte Heidschnucken durcheinanderliefen und -blökten. Im Sommer rastete er mit seinem Vater inmitten der Heide. Sie verzehrten das Picknick, das die Mutter ihnen eingepackt hatte und ruhten eine Weile, auf dem Rücken im Gras liegend, kauten auf Grashalmen oder der Vater steckte sich ein Pfeifchen an – jedoch nur, wenn es nicht zu trocken war. Zu groß war die Waldbrandgefahr. Dirk liebte diese kilometerlangen Wanderungen durch die Heide, die immer auf anderen Wegen führten, damit die Herden nicht alles platt trampelten und stets neues Heidekraut fanden. Zur Lammzeit im Frühjahr war es besonders aufregend. Hunderte von Lämmern wurden geboren, und das bedeutete tagelange Schwerstarbeit für seinen Vater. Alle auf dem Hof mussten mit anpacken, und Dirk war fasziniert von den kleinen schwarzlockigen Lämmern, von denen er so manches ins Herz schloss.

An jenem Morgen ging es Brigitte nicht besonders gut, sie war kurzatmig und schlapp. Die Heidschnucken aber mussten hinaus, es half nichts. Während Willem mit ihnen unterwegs war, saß Dirk mit Brigitte am Küchentisch und schnitt Pellkartoffeln in Scheiben, die seine Mutter gekocht hatte. Sie selbst schnitt Zwiebeln für den Kartoffelsalat, den sie für das Weihnachtsfest vorbereiten wollte. Ihre Augen tränten, und sie kämpfte gegen die Übelkeit an, die in ihr aufkam. Während sie den Salat fertig machte, holte Dirk die Kästen mit dem Weihnachtsschmuck, den Willem am Vorabend vom Speicher geholt hatte, und packte Strohsterne und kleine Watteengel aus, die sich darin befanden. Einen Tannenbaum hatte Willem bereits aufgestellt, und Dirk machte sich daran, ihn zu schmücken.

Er achtete darauf, die Sterne und Kugeln so gleichmäßig wie möglich aufzuhängen und war ganz vertieft, als seine Mutter in seine Gedanken hinein sagte: „Dirk, ich lege mich einen Moment hin, mein Bauch ist ganz hart, und mir ist so schwindelig." Dirk nickte und wandte sich wieder dem Tannenbaum zu. Er fuhr fort, ihn zu schmücken, wobei er sich einen kleinen Tritt zu Hilfe nahm, auf den er stieg, sodass er den Baum auch an der Spitze erreichte. Zufrieden betrachtete er schließlich sein Werk, räumte die Schmuckschachteln beiseite und horchte an der Schlafzimmertür, hinter der seine Mutter sich zurückgezogen hatte. War da ein leises Stöhnen zu hören? Bestimmt hatte er sich das nur eingebildet. Auf Zehenspitzen schlich er in sein Zimmer.

Willem stapfte derweil durch die Heide und trieb seine Schnucken an. Bernie und Foxi umkreisten sie und sorgten dafür, dass sie sich vorwärtsbewegten. So trieben sie sie über den kargen Boden und ließen sie an den Heidepflanzen knabbern. Jetzt im Winter waren keine Touristen unterwegs.

Wacholderbüsche und Heideflächen, so weit das Auge reicht – Im Naturschutzgebiet der Lüneburger Heide.

Willem war nicht so gelassen und konzentriert bei der Arbeit wie sonst. Seine Gedanken schweiften zu seiner Frau. Wie es ihr wohl ging? Als sie mit Dirk schwanger war, ging alles wie nebenbei, und Willem konnte bei seinem Beruf ohnehin keine Rücksicht nehmen. Aber nun war Brigitte sieben Jahre älter, und heute Morgen hatte sie ihm gar nicht gefallen. Bislang war es ihr eigentlich gut gegangen. Aber er hatte ein komisches Gefühl, ähnlich wie einigen seiner Schnucken, wenn sie lammten und etwas schiefging. Er beschloss, den Arbeitstag abzukürzen und eine Stunde früher Schluss zu machen. Es war jetzt zwölf Uhr mittags. Zehn bis zwölf Kilometer war er täglich unterwegs, die Hälfte hatte er jetzt geschafft. In einer Stunde wollte er den Heimweg antreten.

„Dirk!" Der Junge schreckte hoch. Er hatte in seinem Zimmer mit seinen Spielzeugautos gespielt, als er den Ruf der

Mutter vernahm. Ihre Stimme klang schrill und ging ihm durch Mark und Bein. Er rannte über den Flur und die große Diele bis zum Schlafzimmer seiner Eltern und stieß die Tür auf. Seine Mutter lag mit schmerzverzerrtem Gesicht im Bett, die Laken und das Bettzeug waren durchnässt, und einen Moment lang dachte Dirk, seine Mutter habe ins Bett gemacht. „Die Fruchtblase ist geplatzt", stöhnte seine Mutter, „das Kind kommt." Fruchtblase? Dirk verstand gar nichts. „Lauf schnell zu Susanne", flüsterte die Mutter, „sag ihr, sie soll kommen."

Susanne war die Hebamme im Dorf. Sie war schon oft bei seiner Mutter gewesen und hatte mit einem komischen kleinen Rohr ihren Bauch abgehört. Dirk selbst durfte auch sein Ohr an das Rohr legen und lauschen – tatsächlich konnte er ein schnelles Pochen hören, und Susanne hatte ihm erklärt, dass es das Herz des Babys war, das er schlagen hörte. Dirk konnte sich kaum vorstellen, dass sich unter dem Bauch seiner Mutter ein ganzer kleiner Mensch verbergen sollte. Daran dachte er, als er den Weg durchs Dorf rannte. Im letzten Haus der Straße wohnte Susanne, eine alleinstehende Frau um die fünfzig, mit wilden grauen Locken, in denen stets eine Brille steckte. Sie trug immer ein großes dunkelgrünes Amulett um den Hals und sagte, das gebe ihr Kraft. Manche Leute im Dorf fanden sie etwas wunderlich, aber Dirk mochte sie. Sie strahlte etwas Bestimmtes und Unerschütterliches aus, und instinktiv spürte er, dass seine Mutter diese Zuversicht jetzt gut gebrauchen könnte. Und er selbst auch. Er hämmerte an die Tür, die schnell geöffnet wurde. Als Susanne den Jungen sah, sagte sie nur: „Na, Dirk, es ist wohl so weit?" Er nickte, und Susanne griff schnell ihre Tasche, schlüpfte in ihre Jacke und eilte mit Dirk den Weg zurück bis zu dem stattlichen Heidehof der Hagedorns.

Brigitte lag mit schmerzverzerrtem Gesicht in den Kissen. „Das haben wir gleich“, sagte Susanne bestimmt und begann ihre Tasche auszupacken. Dirk blieb in der Diele stehen, obwohl Susanne die Schlafzimmertür offen gelassen hatte. Er überlegte einen Moment lang, machte dann kehrt, schlich leise zurück zur Haustür und zog sie hinter sich zu. Er atmete ein paarmal tief durch und rannte los. Er wusste ungefähr, wo sich der Vater aufhielt. Und die Herde erkannte er von Weitem, obwohl sie sich von den anderen Herden nur wenig unterschied. Als Dirk Seitenstiche bekam, verlangsamte er das Tempo und trabte in gleichmäßigem Tempo durch die Heide, entlang eines Weges, der von jetzt kahlen Birken gesäumt war.

Es war früher Nachmittag und noch hell. In seiner Aufregung hatte er vergessen, eine Jacke anzuziehen, aber es war nicht kalt, und durch das Laufen wurde ihm zusätzlich warm. Allmählich merkte er, wie ihm die Puste ausging. Keuchend blieb er stehen und sah über die weiten Heideflächen. Weit hinten, bei einer Baumgruppe, erspähte er etwas, das nach einer Heidschnuckenherde aussah. Er lief wieder los und hielt erst an, als er die Herde erreicht hatte. Schnell erkannte er Bernie und Foxi, die ihn noch vor seinem Vater sahen und schwanzwedelnd auf ihn zuliefen. Er nahm sich keine Zeit, sie zu begrüßen, sondern wandte sich seinem Vater zu, der den Hunden gefolgt war. Völlig außer Atem stieß Dirk hervor: „Papa, schnell, wir müssen nach Hause!“ „Dirk“, fragte Willem, „ist etwas mit Mama?“ „Das Baby kommt“, erwiderte Dirk keuchend. „Ich hätte es mir denken sollen, heute Morgen“, murmelte Willem und blickte auf die Hunde, als könnten sie etwas für den Verlauf der letzten Stunden. „Papa“, unterbrach Dirk seine Gedanken, „wir müssen uns beeilen! Mama geht es nicht gut. Sie stöhnt dauernd und …“

„Ist sie denn allein?“, unterbrach nun Willem seinen Sohn. „Nein, Susanne ist bei ihr. Ich habe sie geholt.“ „Du bist ein kluger Junge“, sagte Willem und packte seinen Sohn freundschaftlich an der Schulter. „Aber sich mit Heidschnucken zu beeilen, ist ein frommer Wunsch. Du weißt, wie schwer sie in Gang zu bekommen sind.“ Dirk überlegte einen Moment und sagte dann: „Wir müssen sie antreiben. Wir schaffen das schon, zusammen mit Bernie und Foxi.“

Er blickte suchend auf den Boden, fand einen Stock, so lang wie sein Arm, und begann die Heidschnucken damit anzustoßen. Sein Vater tat dasselbe mit seinem langen Schäferstab, und langsam setzte die Herde sich in Bewegung. Willem und Dirk trieben sie unablässig und laut rufend mit ihren Stöcken an, während Bernie und Foxi sie bellend umkreisten. Laut blökend liefen nun die Schnucken, vollführten mitunter kleine Bocksprünge und trabten dem Ziel entgegen, denn Dirk und sein Vater ließen ihnen keinen Augenblick Pause. Es war sehr anstrengend, und erschöpft und leicht heiser erreichten sie den heimatlichen Hof. Inzwischen war es fast völlig dunkel, und sie trieben die Schafe rasch in den Stall. Dann hasteten sie ins Haus.

Es war dunkel und still in der Diele. Willem legte seinen Umhang ab und nahm Dirks Hand. Durch die geschlossene Schlafzimmertür schimmerte ein schwacher Lichtschein. Leises Stimmengemurmel war zu hören. Obwohl es eigentlich nicht nötig war, näherten sie sich der Tür auf Zehenspitzen, die leise knarrte, als Willem sie öffnete. Drinnen wandten die beiden Frauen ihnen den Blick zu. Susanne saß auf dem Bettrand, und Brigitte lag, gegen dicke Kissen gelehnt, mit einem winzigen Bündel im Arm und lächelte ihnen entgegen. „Es ist ein Mädchen“, sagte sie. „Die junge Dame hatte es sehr eilig“, lachte Susanne, „das war wirk-

Heidschnucken – die tierischen Wahrzeichen der Lüneburger Heide sorgen für den Wuchs der Heide.

lich eine der schnellsten Geburten, die ich je hatte." „Eine Schwester?", sagte Dirk etwas zögernd, der heimlich doch für einen Bruder gewesen war. Willem strahlte hingegen über beide Backen, nahm seiner Frau vorsichtig das schlafende Baby aus dem Arm und betrachtete lange das kleine rosige Gesichtchen. „Wie wollen wir sie nennen?", fragte er. „Ich dachte an ‚Sonja'", sagte Brigitte leicht verlegen. „Sonja?" Willem überlegte kurz, lachte dann und meinte: „Ach ja, richtig … Sonja. Vielleicht wird sie einmal eine berühmte Schauspielerin." „Oder Heidekönigin", schaltete Dirk sich ein. Sein Vater lachte wieder und sagte: „Du, Dirk, bist der beste große Bruder, den sie sich nur wünschen kann. Dass du mich geholt hast, zeigt, dass du ein ganz Großer bist." „Und mich hat er auch geholt", warf Susanne ein, „er hat so vernünftig gehandelt."

Dirk wurde ganz verlegen angesichts so viel Lobes und murmelte: „Fällt Weihnachten denn jetzt aus, weil das Baby da ist?“ „Aber nein“, sagte Brigitte. „Deckt doch mal den Tisch und zündet die Kerzen an. Es ist alles vorbereitet. Susanne, kannst du noch etwas bleiben? Wir würden dich gerne zum Essen einladen und wenigstens ein Weilchen dabeihaben, wenn du kannst.“ „Ich kann“, sagte Susanne mit ihrer tiefen Stimme, „ich bin eigentlich immer im Dienst und habe deshalb auch nichts Besonderes geplant. Danke für die Einladung!“ Schnell deckten sie, Willem und Dirk den Tisch in der Diele, rückten das Sofa heran, und Willem half Brigitte, es sich dort bequem zu machen. Dann legte er ihr das Baby in den Arm und zog einen niedrigen Beistelltisch heran, den er für Brigitte deckte. Susanne und Dirk hatten derweil die Kerzen am Tannenbaum angezündet. Bernie und Foxi lagen müde blinzelnd vor dem Kamin, sie hatten heute eine gute Arbeit getan, eine große Portion Schnuckenfleisch bekommen und ruhten sich nun aus. Dirk durfte zunächst seine Geschenke auspacken, und dann ließ sich die Familie Lammwürste und Kartoffelsalat schmecken und redete über diesen ganz besonderen Heiligabend. Brigitte lag müde, aber glücklich auf dem Sofa und betrachtete ihr Neugeborenes. „Ein ganz besonderes Christkind“, sagte sie versonnen.

Weihnachtlicher Geburtstag im Herzogschloss

Der 23. Dezember war so ziemlich der blödeste Tag, an dem man Geburtstag haben konnte. Jedenfalls, wenn man ein Kind war. Blöder war nur noch der 24. Dezember, dachte Dorothée. Fast wäre sie Heiligabend geboren, ihre Mutter nannte sie oft liebevoll „mein Fast-Christkind". Richtig tröstlich fand Dorothée das nicht, auch nicht, dass sie immerhin mit jedem Jahr älter wurde. Am 23. Dezember herrschte Hektik pur. Jedes Jahr. Dorothées Mutter schrubbte die Fußböden und brachte in aller Eile letzte Weihnachtsbriefe zum Postamt der Stadt Celle, in der die Familie wohnte. Der Vater schleppte den Tannenbaum herein, den Dorothée und ihr Bruder Martin schmückten. Während sie Strohsterne, rote Kugeln und kleine Watteengel in die Tanne hängten, saß ihre Großmutter Annelies, die bei ihnen im Haus in der Kalandgasse wohnte, im großen Lehnstuhl in der Ecke des Wohnzimmers, fuchtelte mit dem Krückstock in der Luft herum und kommentierte, wo noch eine Kugel fehlte oder das Lametta schief hing.

Alles, wirklich alles, was für den Heiligen Abend zu tun war, schien sich jedes Jahr aufs Neue an diesem 23. Dezember aufzutürmen. Kinder einzuladen, wäre sinnlos gewesen, selbst wenn die Eltern es erlaubt hätten – die Freundinnen von der Volksschule hätten ohnehin keine Zeit gehabt. Dorothées Eltern bereiteten ihr stets einen kleinen Geburtstagstisch, der aber nicht besonders üppig ausfiel – schließlich gab es einen Tag später Bescherung unter dem Tannenbaum. Wie sollte da Geburtstagsstimmung aufkommen, dachte Dorothée missmutig.

Als sie am Tage ihres elften Geburtstages erwachte, schimmerte dämmriges Morgenlicht durch die Vorhänge des kleinen Dachzimmers, das sie sich mit dem zwei Jahre jüngeren Martin teilte. Dorothée schob das dicke, warme Federbett zurück, schwang die Beine aus dem Bett und tapste zum Fenster. Sie zog die Vorhänge zurück und blinzelte mit müden Augen in die schmale Gasse hinaus. Es war eine der ältesten Straßen in der alten Herzogstadt Celle. Viel Licht konnte sich zu dieser frühen Morgenstunde zwischen den Häusern nicht ausbreiten, dennoch sah Dorothée, dass das Kopfsteinpflaster der Kalandgasse über Nacht unter einer

Das Alte Rathaus in der Herzogstadt Celle.

Schneedecke verschwunden war. „Martin, schau mal“, rief sie rücksichtslos in Richtung des Bettes ihres Bruders, von dem sich lediglich ein runder kleiner Hügel unter dem Federbett abzeichnete. Der Hügel bewegte sich, und unter der Bettdecke knurrte es unwillig. „Es hat geschneit“, teilte Dorothée ihrem Bruder in unverminderter Lautstärke mit, „vielleicht können wir rodeln gehen.“ Nun wurde auch Martin wach, sein blonder Wuschelkopf tauchte unter der Bettdecke hervor und er beeilte sich, aus dem Bett zu kommen. „Tatsache“, sagte er, als er aus dem Fenster sah. Rasch begann er sich anzuziehen. „Los komm, Dorothée, lass uns noch vor dem Frühstück rausgehen“, meinte er, „nachher wird das nichts, dann müssen wir wieder alles Mögliche helfen.“ „Hast du nicht irgendwas vergessen?“, fragte Dorothée. „Vergessen?“ Verdutzt starrte Martin sie an, streng starrte Dorothée zurück. „Oh … ja … stimmt“, brummte Martin nach einer Weile, „alles Gute zum Geburtstag“.

Die Geschwister liefen die schmale, steile Treppe des Hauses hinunter. Im engen Hausflur wollten sie gerade in ihre Winterstiefel und Jacken schlüpfen, als sich die Tür zur Wohnstube öffnete und ihre Mutter die Nase durch den Türspalt steckte. „Guten Morgen, ihr beiden“, begrüßte sie die Kinder, „Wo wollt ihr denn schon hin?“ „Nach draußen“, erwiderte Dorothée, „wir wollen schnell eine Runde rodeln gehen, es hat geschneit!“ „Ich weiß“, sagte die Mutter und lächelte verschmitzt, „aber darf ich dir erst mal gratulieren, Dorothee? Und wollt ihr nicht erst mal frühstücken?“ „Keine Zeit“, antwortete Dorothée energisch und zog den Reißverschluss ihres Anoraks zu, „nachher müssen wir ja wieder beim Vorbereiten für Heiligabend helfen.“ „Heute nicht“, sagte ihre Mutter, „es ist alles schon erledigt.“ „Alles schon erledigt?“, wiederholte Dorothée.

Die Mutter öffnete die Tür weit, sodass die Kinder an ihr vorbei ins Wohnzimmer schauen konnten. Dort stand der Weihnachtsbaum an seinem Platz, fertig geschmückt, auf dem Tisch lag eine Weihnachtstischdecke und das Zimmer war mit Girlanden dekoriert. In der Küche war alles sauber und aufgeräumt, der Tisch war für das Frühstück gedeckt und ein paar Geschenkpäckchen samt Geburtstagkerze standen an Dorothées Platz. Dorothée staunte, und ihre Mutter zog sie in ihre Arme und sagte: „Nun, meine Große, alles Liebe zum Geburtstag!" „Danke …", murmelte Dorothée und fügte hinzu: „Warum ist denn schon alles fertig?" „Nun", sagte die Mutter, „du warst immer so unzufrieden, dass du deinen Geburtstag nicht richtig feiern konntest. Da dachten Papa und ich, dieses Jahr machen wir es einmal anders. Wir werden deinen Geburtstag heute richtig feiern." „Oh, und wie?", fragte Dorothée. „Wir frühstücken jetzt erst mal und dann gehen wir ins Herzogschloss", verkündete ihre Mutter, „dort bekommen wir anlässlich deines Geburtstages eine Führung ganz für uns allein. Dorothées Freundinnen Luise und Johanna kommen auch mit."

Dorothée strahlte über das ganze Gesicht, während Martin perplex dreinschaute. „Eine Führung durchs Schloss? Total langweilig, und außerdem wollten wir rodeln", maulte er. „Es ist eine besondere Führung", beschwichtigte ihn sein Vater, der hinzugetreten war. „Du wirst sehen, es ist extra auf Kinder ausgerichtet. Und eure Schlitten nehmen wir einfach mit, im Schlosspark kann man sicher auch rodeln." Martin blickte weiterhin skeptisch, während Dorothée ihren Anorak rasch wieder auszog und sich von ihrem Vater zum Geburtstag gratulieren ließ.

Nach dem Frühstück machte sich die Familie zu Fuß auf den Weg zum Schloss. Im Eingangsbereich warteten bereits Luise und Johanna, die sie herzlich begrüßten, und außerdem

Das Celler Schloss im Stil von Renaissance und Barock diente mehrere Jahrhunderte als Wohnsitz der Herzöge von Braunschweig-Lüneburg.

eine Frau, die wie ein edles Ritterfräulein aussah. Sie trug ein wunderschönes langes Kleid aus blauem Samt mit Spitze und begrüßte Dorothée mit den Worten: „Nun, liebes Geburtstagskind, herzlichen Glückwunsch und willkommen im Herzogschloss!" „Danke", murmelte Dorothée verlegen und hätte beinahe einen Hofknicks gemacht. „Ich bin Burgfrau Heike von Rheinlanden", fuhr die edle Dame fort, „und ich erzähle euch, wie es hier früher in diesem Schloss zuging, wie man lebte und feierte, was man aß und wie man sich zu benehmen hatte."

„Puh", murmelte Martin leise, aber es blieb ihm keine Zeit, wieder mürrisch zu werden, denn Heike geleitete sie in den ersten Raum des Schlosses und berichtete darüber, dass dieses vor mehr als siebenhundert Jahren zunächst eine Burg gewesen war, die nach vielen Umbauten ab 1433 mehr als drei Jahrhunderte als Schloss-Wohnsitz für Herzöge aus Braunschweig-Lüneburg gedient hatte. Ob es auch Gespenster auf der Burg gegeben habe, wollte Dorothée wissen. „Ja“, antwortete Heike ernsthaft, „vor allem während der Weihnachtszeit waren und sind die Gespenster hier sehr aktiv.“ Die Kinder mussten lachen, und so ging die Führung vergnüglich weiter, sodass alle ganz erstaunt waren, als die Zeit um war und Heike sich von ihnen mit vielen guten Wünschen für ein schönes Weihnachtsfest verabschiedete.

Sie verließen das Schloss und schauten in den verschneiten Schlosspark. Das Schloss stand auf einer Anhöhe und ein kleiner Abhang zog sich hinunter bis zu dem Graben, der das Schloss umgab. Er war zugefroren, und Dorothée sagte: „Dort können wir doch bestimmt rodeln.“ Ihre Schlitten hatten sie neben dem Schlosseingang abgestellt, und nun sausten sie auf ihnen unter lautem Geschrei den Abhang hinunter bis auf den vereisten Schlossgraben, zogen die Schlitten wieder hinauf und so ging es viele Male, bis sie völlig außer Atem waren. „Das war ein schöner Geburtstag“, sagte Dorothée zufrieden, als sie den Heimweg antraten. Martin fügte gönnerhaft hinzu: „War ganz okay.“ „Na, dann können wir morgen beruhigt Weihnachten feiern“, schmunzelte ihr Vater.

Im schiefen Turm von St. Johannis

Der niedrige Couchtisch war mit zwei Kaffeegedecken, Kerzen und einem Stövchen fast fertig gedeckt. Maria lief zwischen ihrer Küche und dem hellen, gemütlichen Wohnzimmer ihrer kleinen Wohnung hin und her und summte leise die Melodie des Weihnachtsoratoriums mit, das sie in ihrer Musikanlage abspielte. Sie schnitt ein paar Scheiben Stollen auf, goss Tee auf und entzündete die Kerzen, als die Glocken der nahe gelegenen Lüneburger St. Johanniskirche schlugen. Im selben Augenblick klingelte es an der Tür. „Da kommt sie ja, pünktlich wie die Uhr“, murmelte Maria zufrieden, band sich die Schürze ab und betätigte den Summer neben der Wohnungstür. Schritte im Treppenhaus waren zu hören, und wenige Minuten später stand Erika vor ihr, und die beiden fielen sich um den Hals.

Seit mehr als vierzig Jahren waren sie befreundet, hatten gemeinsam die Schulbank in Lüneburg gedrückt, waren durch dick und dünn gegangen, bis Erika mit ihrem Mann und zwei halbwüchsigen Kindern nach München zog. Dort hatte ihr Mann einen spannenden neuen Posten als Ingenieur gefunden, und Erika begann ein Jahr später an der Rezeption eines großen Hotels zu arbeiten. Über all die Jahre hatten die beiden Freundinnen Kontakt gehalten, sich geschrieben und telefoniert. Erst als Erikas Kinder groß waren, schafften sie es, sich ab und an zu besuchen. Als Marias Mann früh verstarb, war Erika zur Stelle. Wochenlang stand sie Maria zur

Seite, erledigte mit ihr Behördengänge, kochte und hielt still Marias Hand, wenn diese weinte.

Erika stieg in dem Hotel, in dem sie arbeitete, zur stellvertretenden Geschäftsführerin auf, ließ sich mit Ende fünfzig scheiden und bereiste die Welt, wann immer ihre Zeit es zuließ. Fortan verging kein Jahr, in dem die beiden sich nicht besuchten. Erika war tüchtig, energisch und nüchtern, und Maria bewunderte sie, wenn sie sich im Restaurant über schlechten Service beschwerte oder den Kellner kommen ließ, weil der Wein nicht schmeckte. Erika hingegen verstummte, wenn sich Maria an ihr Klavier setzte und Chopin spielte. Maria war künstlerisch veranlagt, manchmal zerstreut, aber fantasievoll. Immer wenn Erika zu Besuch kam, hatte Maria eine Unternehmung oder einen Ausflug geplant, zu einem Ziel oder Ort, den Erika lange nicht gesehen hatte.

An diesem Adventsonntag hatte sie den ersten Zug ab München genommen, um so früh wie möglich in Lüneburg zu sein und ein paar Tage mit Maria zu verbringen. Maria schenkte Kaffee ein, und die beiden Freundinnen plauderten angeregt. „Na, was gibt's Neues in Lüneburg?", fragte Erika, während sie sich mit der Kaffeetasse in der Hand bequem im Sessel zurücklehnte. „Hast du wieder etwas Schönes für uns in Aussicht?" „Oh, ganz so einfach ist das nicht bei jemandem, der so sehr von Kultur umgeben ist und dann noch in einer Großstadt lebt", erwiderte Maria. „Aber ich dachte, fürs Erste machen wir mal einen kleinen Gang in die St. Johanniskirche. Heute findet dort ein Advents-Orgelkonzert statt, nichts Großes, aber sicher nett und gut geeignet zum Einstimmen auf die Vorweihnachtszeit." „Oh ja, schön", freute sich Erika, „das ist eine gute Idee!"

Nach dem Kaffee machten sich die beiden auf den Weg. Maria wohnte in der Heiligengeiststraße, einer stillen, schönen Straße mit alten Giebelhäusern. Von dort aus waren es nur ein paar Minuten zu Fuß zum Platz Am Sande, an dessen Ende die St. Johanniskirche thronte. Sie war die älteste Kirche Lüneburgs, mit fünf Schiffen zugleich die größte und zeigte drinnen eine wahre mittelalterliche Schatzkiste mit ihrer berühmten Orgel, dem Altar mit Schnitzereien und Tafelbildern und vielen weiteren Kostbarkeiten. Von außen fiel der backsteinerne Kirchturm auf, der sich wie vom Wind getrieben über zwei Meter gen Westen neigte.

Die beiden Freundinnen betraten die Kirche, zahlten einen kleinen Obolus für das Konzert und nahmen in einer Reihe Platz. Andächtig lauschten sie gemeinsam mit anderen Besuchern der Musik von Händel und Bach, die der Organist auf der Orgel spielte und genossen den Klang in der Weite des Raums. Im Anschluss leerte sich die Kirche rasch. Erika und Maria bummelten noch ein wenig durch das mächtige Gebäude. „Kennst du eigentlich die Legende um den schiefen Kirchturm von St. Johannis?", fragte Maria. „Nein", erwiderte Erika, „aber du wirst sie mir gleich erzählen." „Also", setzte Maria an, „der Baumeister ist schuld. Er hat den Turm schief gebaut, und vor lauter Gram darüber wollte er sich vom Turm in den Tod stürzen." „Wollte? Tat er es denn?", unterbrach Erika sie augenzwinkernd. „Nun, er war verzweifelt und schämte sich über den missratenen Bau und stürzte sich tatsächlich vom Kirchturm hinunter", erklärte Maria. „Aber wie durch ein Wunder fuhr gerade ein Heuwagen vorbei, in den er fiel." „Und dann musste er mit der Schande weiterleben", vermutete Erika und lachte.

Sie waren einmal durch die ganze Kirche gewandert und wieder im Eingangsbereich angelangt. „Schau, hier geht es zum Turm“, sagte Maria und zeigte auf eine kleine unscheinbare Tür. „Man kann nur im Rahmen einer Führung hinauf“, ergänzte sie und drehte im Vorbeigehen am Knauf der Tür. Zu ihrer Überraschung ließ sich die Tür öffnen. „Oh“, entfuhr es Maria, „der Küster hat wohl vergessen abzuschließen.“ Sie blickte sich suchend um, aber es war niemand zu sehen. „Komm, die Gelegenheit nutzen wir“, sagte Erika und ihre Augen funkelten. „Was meinst du?“, fragte Maria verständnislos. „Welche Gelegenheit?“ „Wir schauen uns das schiefe Werk des unglücklichen Baumeisters einmal von innen an“, sagte Erika vergnügt, zog Maria an der Hand durch die offen stehende Tür und schloss sie hinter sich. Vor ihnen führte eine enge Wendeltreppe nach oben. „Aber Erika … ich weiß nicht, ob das eine gute Idee ist“, sagte Maria zweifelnd. „Ach, was soll denn passieren“, erwiderte Erika, „komm, das ist doch interessant. Warst du schon einmal in diesem Kirchturm? Ich nicht. Vielleicht können wir von oben hinunterschauen.“

Maria musste lachen und war bereits angesteckt angesichts der Abenteuerlust ihrer Freundin. Gemeinsam begannen sie, die Stufen emporzusteigen. „Du weißt schon, was wir hier vorhaben?“, fragte Maria leicht schnaufend, nachdem sie einige der sich eng windenden schmalen Stufen erklommen hatten. „Der Kirchturm ist über einhundert Meter hoch. Einer der höchsten Niedersachsens.“ „Ach, das schaffen wir schon“, entgegnete Erika, „und jeder Gang macht schlank.“ Zweihundert Stufen waren es, und oben angelangt, waren sie doch ordentlich außer Puste. Sie befanden sich nun im hölzernen Dachstuhl des Kirchturms, der außerordentlich groß war – immerhin sieben riesige Glocken, jahrhundertealt und mit einem Durchmesser von bis zu zwei Metern, hatten hier Platz. Holzbalken durchzogen den Raum, und ringsum befand sich eine Balustrade, ebenfalls aus Holz, auf der man durch den Dachstuhl und um die Glocken herumgehen konnte. Es war zugig und kalt, roch muffig, und ab und an knackte es im Gebälk.

Erika klopfte mit dem Knöchel ihres Zeigefingers gegen eine der Glocken, und ein leises, dumpfes Grollen ertönte. Reihum in den Wänden befanden sich Luken, durch eine von ihnen schauten sie auf die Stadt. Tief unter ihnen breitete sich in der beginnenden Dämmerung der Platz Am Sande aus, am Fuße der St. Johanniskirche war ein kleiner Weihnachtsmarkt aufgebaut. Das sonst ziegelrote Dächermeer war vom Schnee überpudert, und Lichterketten schmückten die Giebel der alten Backsteinhäuser, die den Sande säumten. „Lüneburg ist doch immer wieder schön", meinte Erika, „und von hier aus habe ich noch nie auf die Stadt geschaut." „Lass uns wieder hinuntergehen", sagte Maria, „bevor es dunkel wird."

Sie stiegen vorsichtig die ausgetretenen Stufen des Glockenturms hinab und standen bald wieder vor der Tür, die zum Vorraum der Kirche führte. Maria drehte den Knopf, doch diesmal ließ sich die Tür nicht öffnen. Sie versuchte es ein zweites Mal und drückte mit ihrem Gewicht gegen die Tür, doch sie rührte sich nicht. „Erika", sagte Maria mit leicht zitternder Stimme, „wir sind eingeschlossen."

Erika schaute sie ungläubig an. „Lass mich mal", sagte sie energisch und schob ihre beachtliche Körpermasse gegen die niedrige, aber dickwandige Tür. Aber auch sie hatte kein Glück, die Tür war verschlossen. „Der Küster muss sein Versehen bemerkt haben und später abgeschlossen haben", sagte Maria. „Und uns eingeschlossen", ergänzte Erika. Sie klopfte und trommelte eine Weile gegen die Tür, hielt dann inne und lauschte. Draußen rührte sich nichts. Sie fuhren fort zu klopfen, aber offenbar waren zumindest im Vorraum der Kirche keine Besucher mehr.

„Eine schöne Bescherung", sagte Maria nervös. „Was machen wir denn jetzt?" Erika überlegte einen Moment und sagte: „Es hilft wohl nichts. Wir müssen wieder in den Kirchturm steigen und von oben nach Hilfe rufen." Maria war von diesem Plan nicht begeistert, hatte aber keine bessere Idee, also stiegen sie die Wendeltreppe wieder hinauf und standen bald keuchend im Glockenturm. Sie gingen zu der Luke, die in Richtung des Platzes Am Sande zeigte, beugten sich hinaus und begannen aus Leibeskräften zu rufen und zu schreien. Der Weihnachtsmarkt unter ihnen war beleuchtet und im vollen Gange. Es tummelten sich die Menschen, Musik war zu hören, aber es schien niemand auf sie zu achten. Sie riefen noch eine Weile, aber niemand schaute nach oben oder rief zurück. „Wenn hier niemand unser Rufen hört, müssen wir eben zu drastischen Maßnahmen greifen", sagte Erika. „Was meinst du damit?", fragte Maria. „Wir werden die Glocken läuten", sagte Erika bestimmt. Maria starrte sie entgeistert an. „Die Glocken läuten? Jetzt bist du übergeschnappt." „Hast du eine bessere Idee? Willst du darauf warten, dass jemand zufällig vorbeikommt? Oder die Nacht hier verbringen? Ich nicht", sagte Erika in einem Tonfall, den Maria gut kannte und der keinen Widerspruch duldete. „Welche Glocke wollen wir denn nehmen?", fragte Maria zaghaft. „Das ist vielleicht egal", erwiderte Erika. „Die Frage ist eher, wie wir sie läuten."

Die tonnenschweren Glocken waren an massiven Holzbalken befestigt, die jeweils mit zwei Rädern verbunden waren. Die Räder wurden durch einen Mechanismus in Bewegung versetzt und brachten so die Glocken zum Läuten. „Wir müssen versuchen, ein Rad hin und her zu bewegen", meinte

Der über 100 Meter hohe Turm der St. Johanniskirche in Lüneburg, eine der ältesten Taufkirchen in Niedersachsen.

Erika. „Komm, lass es uns bei einer kleineren Glocke versuchen." Sie wandten sich einer Glocke von knapp einem Meter Durchmesser zu, und Maria zog probeweise an einem der Räder. Es war schwer, aber es ging. Gemeinsam zogen sie das Rad vor und zurück, und die Glocke setzte sich in Bewegung, erst wenig, dann immer stärker ausschlagend, einer Schiffsschaukel gleich. Der Klöppel begann dröhnend gegen die dicke, gusseiserne Wand der Glocke zu schlagen.

„Es klappt", keuchte Erika, die wie Maria ganz außer Atem war. Es war zwanzig vor vier und auf jeden Fall eine ungewöhnliche Zeit zum Läuten einer Kirchturmglocke. Da Erika und Maria nicht die Kraft hatten, gleichmäßig an dem Rad zu ziehen und immer wieder innehielten, schlug sie außerdem unregelmäßig. Es musste einfach jemand auf sie aufmerksam werden! Nach ein paar Minuten ließen sie das Rad los, liefen zur Turmluke und spähten hinunter. sie konnten erkennen, dass einige Menschen in Grüppchen zusammenstanden und nach oben zeigten. „Vielleicht kommt gleich jemand", meinte Maria hoffnungsvoll. „Lass uns noch eine Weile weiterziehen und dann nach unten gehen. Wir sollten vielleicht nicht warten, dass jemand hinaufkommt." So taten sie es und stiegen bald erschöpft die Stufen des Turms wieder hinunter.

Als sie fast ganz unten angelangt waren, stießen sie beinahe mit dem Küster zusammen, der auf dem Weg nach oben war. Dieser hatte mit einem Kinderstreich gerechnet und traute seinen Augen nicht, als nun zwei ältere Frauen mit puterroten Gesichtern und sichtlich betreten vor ihm standen. „Meine Damen", sagte er streng, „haben Sie die Glocke geläutet?" Sie berichteten ihm, was geschehen war und entschuldigten sich überschwänglich. Er sah sie kopfschüttelnd an und sagte: „Nun ja, weil es der erste Advent ist, will ich mal ein Auge zudrücken. Aber das war bodenloser Leichtsinn. Sie hätten auf der Treppe stürzen können … alles Mögliche hätte passieren können.“ Erika und Maria nickten kleinlaut und folgten ihm durch die Tür am Fuß der Wendeltreppe. Er verschloss sie sorgfältig und zu dritt verließen sie die Kirche. Der Küster ging eiligen Schrittes davon, nicht ohne sie verabschiedet und noch einmal ermahnt zu haben.

Die beiden Frauen standen eine Weile unschlüssig vor dem Portal der Kirche. Glücklicherweise achtete niemand auf sie. „Sag mal, was ist denn eigentlich aus dem Turmbaumeister geworden?“, fragte Erika schließlich. „Oh“, sagte Maria, „vor lauter Glück darüber, dass er doch mit dem Leben davongekommen war, ging er der Legende zufolge in die nächste Kneipe und trank dort so viel, dass er von der Bank fiel und sich das Genick brach.“ Erika lachte und Maria stimmte mit ein. „Das soll uns nicht passieren“, meinte Erika, „aber wir könnten uns auf unsere Rettung einen Glühwein genehmigen, oder was meinst du?“ Maria nickte, hakte die Freundin unter und sie steuerten eine der weihnachtlichen Buden auf dem Weihnachtsmarkt an. Sie prosteten sich zu und betrachteten von unten den Turm, der mittlerweile in festliche Beleuchtung getaucht war. „Da oben waren wir“, sagte Maria. „Ja“, erwiderte Erika, „und wir hatten eine fantastische Aussicht. Und ich habe zum ersten Mal in meinem Leben eine Glocke geläutet.“

Weihnachten mit dem Siebenstern

Eleonore stand am großen Blumenfenster ihres gemütlichen Wohnzimmers und sah hinaus in die Winterlandschaft des Bad Bevenser Kurparks. Durch den Park schlängelte sich das Flüsschen Ilmenau, es war noch nicht völlig zugefroren, aber bedeckt von einer dünnen Eisschicht, auf der stetig Schneeflocken landeten. Die weiten Rasenflächen und Blumenbeete, in denen es ab dem Frühling herrlich blühte, waren unter einer Schneedecke verschwunden. Es war ein früher Wintereinbruch in dem Kurbad in der Lüneburger Heide, der sich Ende November angekündigt hatte. Eleonores Mann Günter saß im Sessel am Fenster und war in seine Zeitung vertieft. „Mutter will über Weihnachten zu uns kommen", sagte Eleonore unvermittelt. Günter ließ die Zeitung sinken und betrachtete seine Frau über den Rand seiner Lesebrille. „Hast du sie gefragt oder sie dich?", wollte er wissen. „Ich wollte sie fragen, aber sie ist mir zuvorgekommen", erwiderte Eleonore. „Jetzt, da Vater tot ist … zum ersten Mal nach sieben Jahren hat sie gefragt." „Das ist doch eigentlich schön", sagte Günter, und es klang mehr wie eine Frage. „Ja", seufzte Eleonore. „Das ist eigentlich schön. Sie hat so lange nicht mehr Weihnachten mit uns gefeiert. Die Pflege hat sie ja an nichts anderes mehr denken lassen. Aber nun …"

Nun war alles anders. Eleonores Mutter Ingeborg war dreiundsiebzig Jahre alt und hatte ihren an Demenz erkrankten Mann Herrmann jahrelang versorgt. Zunächst fiel seine

Krankheit nicht auf und machte sich an kleinen Alltagsschusseligkeiten bemerkbar. Er vergaß Dinge vom Einkaufszettel, wenn Ingeborg ihn schickte, etwas zu besorgen. Manchmal hatte er zwei verschiedene, sehr ähnlich aussehende Strümpfe an, und man konnte annehmen, dass er sie versehentlich vertauscht habe. Er stand nachts auf und suchte irgendetwas, was Ingeborg zunächst nicht bemerkte. Eines Tages entdeckte Ingeborg Werkzeug im Kühlschrank. Herrmann hatte es dort hingelegt und den Kühlschrank offenbar mit dem Werkzeugkasten verwechselt. So ging es weiter und wurde schlimmer. Sie schalteten einen Arzt ein, aber Herrmann hatte bereits registriert, was mit ihm los war. Eine Zeit lang war er verzweifelt, dann wieder heiter und friedlich. Der nächste Krankheitsschub kam, die Ausfälle nahmen zu, Herrmanns Stimmungsschwankungen ebenso. Ingeborg traute sich nicht mehr, ihn allein zu lassen.

Eleonore als einziges Kind versuchte der Mutter zu helfen, wo es ging. Ihre eigenen Kinder Lena und Moritz waren schon aus dem Haus, aber ihr Beruf und eigener Haushalt ließen ihn nur wenig Zeit. Hinzu kam, dass Ingeborg sich kaum helfen lassen wollte. Sie sah sich als diejenige, die am besten mit Herrmann umzugehen verstand, was irgendwann auch tatsächlich so war. Ein Pflegedienst kam morgens und abends, und Eleonore kaufte oft für ihre Eltern ein und putzte die Wohnung. Ihre Mutter jedoch kam kaum noch aus dem Haus und verlor zunehmend den Kontakt zu Freunden und Bekannten. Vor gut zwei Monaten, im September, starb Herrmann ruhig und friedlich in seiner Wohnung in Bad Bevensen. Ingeborg hatte innerlich schon lange vorher Abschied von ihrem Mann genommen und war sehr gefasst.

Eleonore blickte weiterhin gedankenverloren aus dem Fenster. Ihre Mutter hatte jahrelang nicht mehr mit ihnen Weihnachten gefeiert. Eleonore hatte alles Mögliche angeboten. Bei ihren Eltern zu feiern und Essen mitzubringen. Sie zu sich zu holen und bei sich übernachten zu lassen. Sie nur für einen Tag zu sich zu holen und abends wieder zurückzubringen. Vergeblich. Ingeborg lehnte alles ab und bat um Verständnis.

„Aber dann ist es jetzt doch in Ordnung?“, fragte Günter erneut in Eleonores Gedanken hinein. „Ja“, antwortete diese. „Natürlich. Es wird sicher merkwürdig … all die Jahre waren belastet durch Vaters Krankheit … und nun das erste Fest wieder zusammen …“ „Vielleicht wird es ein paar traurige Momente geben, darauf sollten wir uns einstellen“, erwiderte Günter. „Aber es kommt auch darauf an, wie wir das Weihnachtsfest gestalten. Vielleicht sollten wir etwas Schönes außerhalb des Hauses unternehmen.“ „Etwas unternehmen? Was denn? Das passt doch gar nicht, so kurz nach Vaters Tod, und Mutter ist ja gar keine Geselligkeit mehr gewöhnt“, meinte Monika. „Na, ich meinte nichts Großes und wollte deine Mutter auch nicht zu einer Party ausführen“, beschwichtigte Günter. „Aber wir könnten doch zum Beispiel am ersten Feiertag in den Siebenstern-Gottesdienst gehen. Da waren wir beide auch seit Ewigkeiten nicht mehr und deine Mutter meines Wissens auch nicht.“ „In den Siebenstern-Gottesdienst … stimmt“, sagte Monika, trat an das gegenüberliegende Fenster des Wohnzimmers und schaute wieder hinaus.

Das Haus, in dem sie wohnten, lag zwischen dem Kurpark und dem Kirchplatz. Dort stand die Bad Bevenser Dreieinigkeitskirche, in der jedes Jahr zu Weihnachten der Siebenstern-Gottesdienst gefeiert wurde. Er ging auf einen alten Brauch zurück. Im Jahr 1842 musste oder wollte die evangelische Landeskirche sparen und strich den Gemeinden die Gelder zur festlichen Beleuchtung der Kirchen zur Frühmette am Weihnachtsmorgen. Die Bad Bevenser jedoch wollten sich ihre Festtagsbeleuchtung nicht nehmen lassen und brachten auf Anraten des Pastors kurzerhand ihre Siebenstern-Leuchter von daheim mit in die Kirche. In nahezu keinem Bad Bevenser Haushalt fehlte dieser Kerzenleuchter, bei dem sich drei hölzerne Querstreben mit sechs Kerzenhaltern um den siebten in der Mitte gruppierten. Warum die Siebensterne ausgerechnet in Bad Bevensen beheimatet waren, ließ sich nicht feststellen. Jedenfalls erhellten sie in der Adventszeit regelmäßig die Fenster der Häuser in Bad Bevensen und seit 1842 auch die Dreieinigkeitskirche. Der Brauch hatte sich bis jetzt gehalten – jedes Jahr besuchten die Bad Bevenser die Kirche und stellten dort zur Frühmette ihre Siebensterne auf. Eine festlicher beleuchtete und zugleich wärmende Kirche konnte man sich nicht denken, und der Gottesdienst war sehr beliebt bei den Einwohnern des Ortes und mittlerweile auch auswärtigen Besuchern.

Eleonore war mit ihrem Mann und ihren Eltern früher oft zum Siebenstern-Gottesdienst gegangen und begann sich für Günters Vorschlag zu erwärmen. „Das ist eine schöne Idee“, meinte sie, „also schlage ich das Mutter vor, und dann sollte sie auch bei uns übernachten.“ Der Siebenstern-Gottesdienst begann sehr früh, morgens um sechs Uhr.

Die Tage vergingen, und Weihnachten stand vor der Tür. Ingeborg, die die vergangenen Wochen mit Behördengängen und Papierkram verbracht hatte und langsam wieder unter Leute fand, zeigte vorsichtige Freude angesichts des bevorstehenden Festes und insbesondere des geplanten Besuchs des Siebenstern-Gottesdienstes. Natürlich besaß sie selbst einen Siebenstern, ebenso wie Eleonore, und hatte ihn im Gepäck, als ihre Tochter sie am frühen Nachmittag des Heiligabends mit dem Auto abholte. In der Wohnung bezog Ingeborg das kleine Gästezimmer und stellte ihren Siebenstern ins Fenster. Der Heiligabend verging mit Kaffeetrinken, einem kleinen, aber feinen Abendessen, das Eleonore zubereitet hatte, und Gesprächen über die vergangenen Jahre, aber auch über die Zukunft. Ingeborg wirkte erschöpft von den Anstrengungen der letzten Zeit, aber Eleonore registrierte, dass ihre Mutter sich vorsichtig zu entspannen begann. So als ob sie wieder am Leben der Gesunden teilnehmen will, dachte sie und prostete ihrer Mutter und ihrem Mann zu. Später bestückten sie ihre Siebenleuchter mit mattweißen Kerzen und gingen zeitig zu Bett, um für den frühen Beginn des Gottesdienstes einigermaßen ausgeschlafen zu sein.

Am nächsten Morgen standen sie um fünf Uhr auf. Eleonore, Ingeborg und Günter tranken nur schnell einen Kaffee und verließen um kurz nach halb sechs das Haus. Der Siebenleuchter-Gottesdienst war so beliebt, dass man frühzeitig da sein musste, um einen Sitzplatz zu bekommen. Die Dreieinigkeitskirche war von außen relativ schlicht, aus Backstein gebaut und besaß einen schlanken, wohlproportionierten Kirchturm. In der Dunkelheit drängten Menschen in die Kirche, durch deren Fenster mattes, flackerndes Licht schimmerte. Leonore, Ingeborg und Günter betraten die Kirche und sahen sich nach freien Sitzplätzen um. Im Mittelgang der Kirche waren die Kirchenbänke mit kleinen tischartigen Flächen verbunden, auf denen die Besucher des Gottesdienstes ihre Siebensterne abgestellt hatten. Auf dem Altar stand ein Siebenstern-Leuchter, ebenso an den Stirnseiten des Kirchschiffes und oben auf den breiten Brüstungen der Emporen. Der hell gehaltene Innenraum der Kirche leuchtete warm von den Hunderten Kerzen der Siebensterne, die nur ganz leicht in der Zugluft flackerten. Es gab kein weiteres elektrisches Licht, und das war auch nicht nötig.

Eleonore erspähte in einer der mittleren Reihen der bereits gut besetzten Kirche noch drei freie Plätze und zog ihre Mutter und Günter rasch dorthin. Die Orgel setzte ein und nach der Begrüßung durch den Pastor erklang aus den noch müden Kehlen der Gemeinde das erste Weihnachtslied, erst zaghaft und verhalten, dann immer kräftiger. Während der Weihnachtspredigt ließ Eleonore ihren Blick durch die Kirche schweifen. Sie war bis auf den letzten Platz besetzt. Der Kirchenraum war in ein wunderbares Licht getaucht, und die Menschen sahen trotz der frühen Stunde wach und erwartungsfroh aus. Eleonore sah ihre Mutter von der Seite

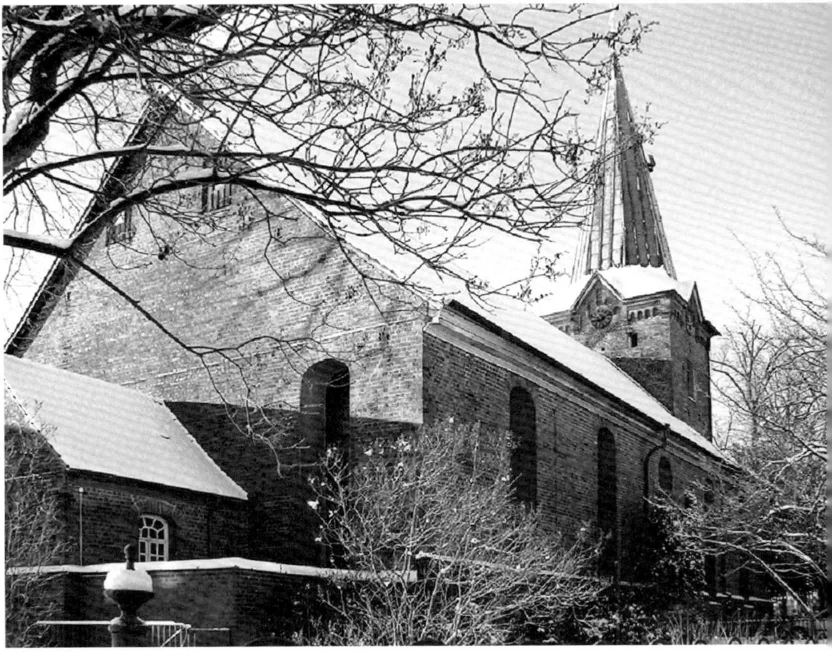

Die Siebenstern-Gottesdienste in der Bad Bevenser Dreieinigkeitskirche sind beliebt und haben eine lange Tradition.

an. Sie saß mit leuchtenden Augen in ihrer Bank, ein leises Lächeln spielte um ihren Mund, und als sie bemerkte, dass Eleonore sie beobachtete, nahm Ingeborg schnell ihre Hand und drückte sie. Eleonore lächelte zurück und wandte den Blick wieder nach vorne.

Zum Ende der Frühmette erklang ein abschließendes Lied der Orgel, die Leute erhoben sich von ihren Plätzen, sammelten ihre Siebensterne ein und begaben sich Richtung Ausgang der Kirche. Als Eleonore mit ihrem Mann und ihrer Mutter den Eingangsbereich der Kirche erreicht hatte, wurden sie von zwei Damen in Ingeborgs Alter herzlich begrüßt. „Frohe Weihnachten, Ingeborg", sagte eine der beiden und schüttelte ihr die Hand. „Marianne, wie schön dich zu sehen", erwiderte Ingeborg, „und dich auch, Gerda!" Die drei kannten sich seit Jahrzehnten, hatten sich aber über Herrmanns Krankheit aus den Augen verloren. „Wie schön, dass du zum Siebenstern-Gottesdienst gekommen bist", meinte Gerda. „Natürlich verstehe ich, dass du dich zurückgezogen hast, aber dass wir uns gar nicht mehr gesehen haben, war so schade." „Ja", sagte Ingeborg, „ich fand das auch. Aber … es ging nicht anders. Ich brauchte diese Zeit. Und nun …" „Ist doch gut", unterbrach Marianne. „Sag lieber, ob wir nicht demnächst mal wieder Skat zusammen spielen wollen." „Ja, sehr gerne", sagte Ingeborg etwas verlegen, aber sie freute sich doch über den Zuspruch ihrer alten Freundinnen. Gemeinsam verließen sie die Kirche, die drei alten Damen plaudernd vorneweg, Eleonore und Günter hinter ihnen. „Es war eine gute Idee, hierherzukommen", sagte Eleonore zu ihrem Mann. Draußen leuchtete der Morgenstern hell in der Dunkelheit.

Weihnachten im Senkungshaus

Die sechs jungen Männer und Frauen saßen rund um den Esstisch in der großen Wohnküche des Studentenwohnheims und plauderten. Es war ein Abend Anfang Dezember, sie hatten ein paar Kerzen aufgestellt und eine Feuerzangenbowle aufgesetzt. Kekse standen auf dem Tisch, und im Hintergrund lief leise Musik. Der Aschenbecher war halb voll, und ein paar Krümel des Tabaks, mit dem einige der Bewohner ihre Zigaretten zu drehen pflegten, lagen verstreut auf der Plastiktischdecke herum. Das Küchenfenster hatte einen verzogenen Holzrahmen, durch den es kalt hereinzog. Der Küchenfußboden neigte sich vom Fenster, an dem der Esstisch stand, bis zur Tür um dreißig Zentimeter, weshalb Martin den Schreibtischstuhl mit Rollen, auf dem er saß, fixiert hatte. Die Küchenzeile besaß einen Unterbau, sodass die Arbeitsflächen entsprechend eben waren. Sylvie, Jens, Ralf, Susanna, Antje und Tobias lebten in einem Lüneburger Senkungshaus. Im Untergrund der alten Stadt floss Sole, die die Lüneburger jahrhundertelang zur Salzgewinnung ans Tageslicht gepumpt hatten. Dies höhlte den Boden bis in die Gegenwart so stark aus, dass immer wieder Mauern umstürzten oder ganze Häuser absackten. Jedes Jahr ein paar Zentimeter mehr, einige Häuser waren unbewohnbar geworden und mussten gestützt oder gar abgerissen werden.

Noch war dieses Haus in der Frommestraße im Zentrum Lüneburgs bewohnbar, und mit rund hundert Jahren war das Haus für Lüneburger Verhältnisse noch nicht besonders alt. Auf insgesamt vier Etagen verteilten sich ebenso viele studentische Wohngemeinschaften. Ging man aus dem Erdgeschoss die Treppe hinauf in den ersten Stock, so fühlte es sich seltsamerweise so an, als ob man die Stufen nicht hinauf-, sondern hinunterstieg. Das Gefälle des Hauses war derartig stark, dass die Wände schief waren und einige Türen nicht mehr richtig schlossen. Aufgrund der undichten Fenster flatterte jedes Jahr eine Heizungsnachzahlung ins Haus, die den Eigentümern die Tränen in die Augen trieb. Sie durften die Nachzahlungen nicht an die Mieter weitergeben, waren aber zu geizig, die Fenster zu erneuern, denn

Kein schiefes Haus, aber ein „schwangeres" steht in der Lüneburger Waagestraße – die Auswölbungen enstanden durch die Verarbeitung von Gips.

die Fassade des Hauses stand unter Denkmalschutz. Eine entsprechende Sanierung wäre eine teure Angelegenheit geworden.

Die sechs jungen Frauen und Männer, die das Erdgeschoss bewohnten und an der Lüneburger Hochschule studierten, hatten ihr schiefes Haus ins Herz geschlossen und außerdem eine Menge Spaß miteinander. Immer war jemand da zum Klönen, oft gingen sie gemeinsam aus oder feierten spontan Hauspartys. Es störte nur, dass das Telefon nahezu ständig besetzt war und sich oft niemand für den Abwasch zuständig fühlte. Das Studium kam mitunter etwas zu kurz, und in den Semesterferien war das Haus wie leer gefegt. Dann fuhren alle Bewohner in ihre Herkunftsorte, um dort zu arbeiten und ein bisschen Geld zu verdienen, oder sie verbrachten ein paar Tage Urlaub irgendwo. Mit Ende der Ferien trafen alle wieder aufeinander und starteten ins neue Semester.

An diesem Dezemberabend ging es eher ruhig und gemütlich zu. Sylvie legte eine zu einer Wurst gedrehte Wolldecke vor das Fenster, und Tobias platzierte einen Zuckerhut auf die Zange über den Topf, in dem die Bowle leise brodelte. Er tränkte den Zuckerhut mit Rum, entzündete ihn, und eine blaue Flamme züngelte empor. „Wann fahrt ihr denn über Weihnachten nach Hause“, fragte er, „seid ihr wieder alle bei euren Eltern?“ Sylvie, eine Französin, schüttelte den Kopf. „Der Weg nach Lyon ist immer sehr weit“, sagte sie mit weichem, unverkennbarem Akzent, „ich bleibe diesmal hier.“ „Meine Eltern verreisen dieses Jahr“, erzählte Tobias, „sie haben gefragt, ob ich mit will, aber auf den Bayerischen Wald habe ich, ehrlich gesagt, nicht solche Lust.“

Antje blickte missmutig vor sich hin. Ihr Freund, mit dem sie hatte feiern wollen, hatte sich vor wenigen Wochen von ihr getrennt. Ihre Eltern waren geschieden, und ihre Mutter hatte seit Kurzem einen neuen Freund. „Bei meiner Mutter fühle ich mich zurzeit so überflüssig wie nur irgendwas“, sagte sie. „Sie rechnet zwar fest damit, dass ich komme, aber ich habe keine Lust.“ „Na, da sind wir ja schon zu dritt“, meinte Tobias, „bleibt ihr denn dann hier im Haus? Vielleicht können wir ja gemeinsam Weihnachten feiern.“ Ralf, der bis zu diesem Zeitpunkt in einer Zeitung geblättert hatte, blickte auf. „Ihr bleibt echt hier?“ fragte er, „ist euch das nicht zu langweilig?“ „Wieso“, schaltete sich Susanna ein, „sonst haben wir es hier doch auch lustig. Und man könnte es sich nett machen, ein schönes Weihnachtsessen kochen, einen Tannenbaum organisieren …“

Ralf schaute skeptisch drein, während nun auch Jens sich für die Idee zu erwärmen begann. „Ich hatte zwar vor, nach Hamburg zu meinen Eltern zu fahren“, sagte er, „aber es gibt ja noch zwei weitere Weihnachtstage, an denen ich mit ihnen feiern kann. Wenn ich die Pläne so höre … das wäre doch echt mal was anderes.“ Ralf schlug die Zeitung zu und meinte: „Ich müsste dieses Jahr per Bahn fahren. Mein Auto ist kaputt. Bis nach Stuttgart mit der Bahn, dazu habe ich eigentlich keine Lust.“ „Kein Auto? Du Armer“, neckte ihn Susanna. „Wie sollen wir denn den Tannenbaum besorgen ohne Auto?“ Ralf war der Einzige in der WG, der meistens ein Auto zur Verfügung hatte und war sehr bequem geworden, was das Thema Mobilität betraf. Die anderen begnügten sich mit ihren Fahrrädern. „Das heißt, es ist beschlossene Sache, dass wir Weihnachten hier feiern?“, fragte Jens. „Macht ihr alle mit?“ „Ja, warum eigentlich nicht“, meinte Ralf, und auch die anderen zeigten sich nun begeistert angesichts der Idee eines gemeinsamen WG-Weihnachtfestes. Tobias füllte erneut die Gläser, und sie stießen an.

In den nächsten Tagen schmiedeten sie eifrig Pläne und trafen Vorbereitungen. Enttäuschte Eltern mussten beschwichtigt und Einkaufslisten erstellt werden. Sylvie und Susanna besprachen und verwarfen verschiedene Menüvorschläge. Sie stellten ein Sparschwein auf, in das jeder fünfzig Mark einzahlte; davon wollten sie das Weihnachtsessen, Baumschmuck und einen Tannenbaum kaufen. Sylvie wurde von ihren Eltern großzügig mit guten Bordeaux-Weinen versorgt, ein paar Flaschen wollte sie zum WG-Weihnachtsfest spendieren. Der Heiligabend rückte näher, und zwei Tage vorher kauften Jens und Ralf eine schön gewachsene, knapp mannshohe Nordmanntanne, die sie in der Wohnküche aufstellten. Das Schmücken des Baums überließen sie den Frauen, wobei Tobias jedoch bemängelte, dass es kein Lametta gab. Am Nachmittag des 23. Dezember war alles fertig geschmückt und der Kühlschrank war zum Bersten gefüllt mit Leckereien. Inspiriert von Sylvies Kochkünsten, hatten sie sich für eine „Canard à l'orange" entschieden, eine Ente auf französische Art, die sie zubereiten wollten.

Am Heiligen Abend ließen sie es gemütlich angehen, schliefen aus und trafen sich am späten Vormittag zum Frühstück. Sylvie stellte eine Flasche französischen Champagner auf den Tisch, entkorkte sie und füllte sechs Sektgläser. „Zur Feier des Tages", sagte sie, und sie prosteten sich zu. Der Champagner schmeckte so gut, dass Sylvie eine zweite Flasche holen musste. Die Stimmung stieg, und sie beschlossen, das für den Abend geplante Schrott-Wichteln vorzuziehen. Beim Schrott-Wichteln musste jeder Teilnehmer einen möglichst hässlichen oder sinnlosen Gegenstand aus seinem eigenen Gebrauch hübsch verpackt und auf den Tisch legen. Dann wurde reihum gewürfelt, und je nach Augenzahl wechselten die geschmacklosen Geschenke den Besitzer oder durften ausgepackt werden. Unter den Schrott-Geschenken befanden sich ein Sparschwein in Form eines grinsenden Osterhasen, eine schwarze, verfilzte Perücke, ein ausgeleiertes T-Shirt mit dem Aufdruck „Tussi“ und andere Scheußlichkeiten.

Susanna zog das T-Shirt an, Tobias setzte die Perücke auf, und beide tanzten zu der weihnachtlichen Musik, die sie aufgelegt hatten, feierlich durch die Küche. Die präparierte Ente hatten sie bereits in den Ofen geschoben, „Mon dieu“, sagte Sylvie, „wir sollten schon einmal die Suppe essen, sonst sind wir gleich alle betrunken.“ Sie setzte die Suppe auf, die sie bereits am Vortag gekocht hatte und die nur noch gewärmt werden musste.

Ralf und Jens entzündeten die Kerzen am Tannenbaum, wobei sie lauthals „Oh du Fröhliche“ sangen. Sie hatten ein paar alte Bücher seitlich unter den Baum geschoben, damit er halbwegs gerade stand. Wirklich gelungen war das nicht, sodass Kerzenwachs auf den PVC-Fußboden herabtropfte und in kleinen Rinnsalen den schiefen Küchenfußboden hinunterlief. Susanne füllte schwungvoll die Suppe in die Teller, während sie mit Sylvie schwatzte, und bemerkte daher nicht sofort, dass sie etwas zu großzügig beim Befüllen gewesen war – die Suppe lief über die Ränder der ebenfalls schief stehenden Teller und machte sich munter auf dem abwärts geneigten Tisch selbstständig. „Susanna“, kicherte Antje, „du lebst in einem Senkungshaus, schon vergessen?“ „Aber eigentlich, mit etwas Alkohol ist doch alles wieder gerade“, grinste Tobias und wischte schnell mit einem Tuch die Suppe vom Tisch, bevor das Rinnsal den Fußboden erreichte. Er schwenkte eine von Sylvies Bordeaux-Flaschen, entkorkte sie und füllte die Gläser.

Hausfassade in der westlichen Altstadt. Auch diese war in den 1970er-Jahren von Senkungen betroffen.

Nachdem sie die Suppe verzehrt hatten, war es an der Zeit, sich um die Ente zu kümmern. Sylvie öffnete den Backofen und wollte den Braten mit Orangensaft einpinseln. Es qualmte fürchterlich, sie hustete und wedelte mit der Hand den Qualm beiseite. Es war nicht die Ente, die qualmte, sondern irgendetwas anderes. Sylvie entdeckte schließlich einen schwarzen Gegenstand, der ganz unten im Backofen lag und zog ihn mithilfe eines übergestülpten Küchenhandschuhs heraus. „Was ist denn das?", fragte sie verständnislos und drehte das qualmende Ding hin und her. „Oh", sagte Jens kleinlaut, „das ist ein Baguettebrötchen noch vom Frühstück heute Morgen. Ich dachte, wir könnten es zur Suppe essen und wollte es im Ofen aufbacken …" „Und da hast du es vergessen“, sagte Susanna kopfschüttelnd. Sie legte das verkohlte Brötchen auf einen Teller, während Jens eine Packung hölzerner Schaschlikspieße aus einer Küchenschublade hervorkramte. Er brach einige in jeweils zwei Teile und steckte sie links und rechts in das Brötchen. Jetzt sah es aus wie eine übergroße Spinne, und die anderen lachten.

Sie ließen sich die Ente schmecken, die glücklicherweise nicht unter dem Qualm gelitten hatte und vorzüglich geworden war. Sie waren mittlerweile alle ziemlich beschwipst vom guten Wein, lachten und redeten durcheinander. Nach dem Essen stellten sie Pop-Musik an und tanzten durch die Küche, deren Fußboden schief blieb, ob mit oder ohne Alkoholgenuss. „Schaut mal“, rief Antje plötzlich und zeigte zum Fenster. „Es hat geschneit!“ Tatsächlich hatte sich draußen eine ordentliche Schneedecke ausgebreitet, und der Park, der sich direkt vor dem Haus befand, war wie eingezuckert.

„Kommt, wir gehen raus und machen eine Schneeballschlacht“, schlug Tobias vor. Sie zogen sich an und begannen draußen im Park eine wilde Schlacht, bei der die Frauen den Kürzeren zogen. Schließlich stürzten sich Susanna, Sylvie und Antje jedoch auf Tobias, den Hauptangreifer, und stopften ihm eine ordentliche Ladung Schnee in den Kragen seiner Jacke. Völlig außer Puste gelobten sie schließlich Frieden und gingen dazu über, eine Schnee-WG zu bauen. Sechs Schneemänner und -frauen standen schließlich in einem Grüppchen beisammen. Eine der Schneefrauen hielt eine französische Flagge aus Papier im Arm, einem Schneemann setzten sie die schwarze Perücke vom Schrottwichteln auf, und auf einem weiteren durfte die „Brötchen-Spinne“ herumkrabbeln.

Die kalte Luft hatte sie alle wieder etwas klarer gemacht, und Antje lief ins Haus und holte Gläser und die letzte Flasche Wein, die noch übrig war. „Für mich eins der schönsten Weihnachtsfeste seit Langem", stellte sie fest, „das können wir gerne wiederholen." „Gute Idee", pflichtete ihr Jens bei, und noch einmal an diesem Abend stießen sie auf das WG-Weihnachtsfest an.

Tante Anna und die Weihnachtsbläschen

Im Norden der Lüneburger Heide hatte es eine Woche vor Weihnachten des Jahres 1961 endlich angefangen zu schneien. Naturgemäß freute das die Erwachsenen weniger, die Kinder umso mehr. Endlich konnten sie den Schlitten herausholen, die ersten Schneeballschlachten veranstalten und Schneemänner bauen. Die drei Kinder der Familie Hambruch, die in Bardowick vor den Toren Lüneburgs lebte, taten genau dies. Klaus, Bernd und Bettina hatten Weihnachtsferien und freuten sich jeden Tag ein bißchen mehr auf das Weihnachtsfest. Mit ihren Eltern Rosemarie und Heinrich und Großtante Anna bewohnten sie einen kleinen Hof in der Nähe des Bardowicker Doms St. Peter und Paul. Zu dem Hof gehörten ein paar Felder, auf denen sie Gemüse und Blumen pflanzten, die Rosemarie direkt ab dem Hof verkaufte. Heinrich unterrichtete Mathematik und Physik an der örtlichen Oberschule.

Tante Anna hatte einen eigenen kleinen Kräutergarten, in dem sie regelmäßig geheimnisvoll herumwerkelte. Niemand wusste so recht, was sie dort anbaute – es interessierte auch keinen aus der Familie wirklich –, wenn aber jemand Bauchschmerzen hatte oder erkältet war, hatte Anna den passenden Tee parat oder verabreichte dem erkrankten Familienmitglied ein paar bitter schmeckende Tropfen, die sie im Keller des Hauses zusammenmixte. Vater Heinrich als nüchtern denkender Mathematiker schimpfte oft über den „Kräuterunsinn“, wie er Annas Mixturen nannte. Sie jedoch ließ sich nicht beirren, und der Erfolg schien ihr recht zu geben.

Anna hatte früher in Winsen an der Luhe gelebt und jahrelang in der dort ansässigen Alten Ratsapotheke gearbeitet. Die Apotheke ist bis heute etwas Besonderes. Zum einen ist sie uralt, es gibt sie bereits seit dreihundertfünfzig Jahren. Zum anderen hatte Ende des 19. Jahrhunderts der damalige Inhaber, Dr. Theodor Meineke, eine Zusammenarbeit mit dem in der Gegend berühmten Naturheilkundler Schäfer Ast aus Radbruch begonnen. Schäfer Ast, der eigentlich Philipp Heinrich Ast hieß, heilte seine Patienten mit einer eigenwilligen Methode: er schnitt dem Kranken eine Haarsträhne im Nacken ab, analysierte sie und bestimmte daraufhin, welche Arznei der Kranke erhalten sollte. Die Mischungen für die Tinkturen und Salben, die er verabreichte, entstammten einem Büchlein, das Schäfer Ast von seinem Vater geerbt hatte.

Eine ganze Weile gab er seinen Patienten, die in Scharen zu ihm in die Praxis kamen, die Medizin selbst – dies war jedoch verboten, und es brachte dem Naturheiler mehrere Geldstrafen und sogar einen Gefängnisaufenthalt ein. Also kooperierte er mit der Winsener Ratsapotheke, und dort stellte man die Rezepturen nach Schäfer Asts Anweisungen zusammen. Er war schon seit vierzig Jahren tot, aber in der Apotheke fuhr man fort, seine Rezepte zu verabreichen – nach Ende des Krieges gab es nur wenige Arztpraxen, dafür umso mehr Armut, und die Alte Ratsapotheke erfuhr regen Zulauf. „Bis in die Nacht hatten wir dort manchmal geöffnet, um die Leute zu versorgen“, erzählte Tante Anna oft. Sie hatte sich so manche Rezeptur abgeschaut und im Kopf behalten und einige Kräuter angebaut.

Nun jedoch waren Kräutergarten und Gemüsefelder zugeschneit. Seit Tagen herrschte geschäftiges Treiben im Hause der Familie Hambruch, es wurde geputzt, geschmückt, eingekauft und vorgekocht. Dank ihrer Gemüsefelder und Obstbäume hatte Rosemarie stets einen stattlichen Vorrat an Einweckgläsern mit Bohnen, Gurken, Pflaumen und Kirschen. Im kühlen, dunklen Keller lagerten Äpfel und Kartoffeln. Von einem befreundeten Jäger des Dorfes hatte sie eine Rehkeule günstig kaufen können, und so sollte es Heiligabend Rehbraten mit Pflaumensoße und Bohnen und zum Nachtisch Apfelkompott geben. Die Kinder verzogen das Gesicht, als sie den Speiseplan hörten und fragten, ob sie nicht einfach nur Apfelkompott essen könnten. „Euch geht es wohl zu gut“, schimpfte ihr Vater. „Anstatt dass ihr euch freut über so ein gutes Fleisch, rümpft ihr die Nase. Wisst ihr eigentlich, was es nach dem Krieg zu essen gab?“

Klaus, Bernd und Bettina hatten diese Litanei schon oft anhören müssen und verzogen sich eilig. Rosemarie lächelte nur und machte sich daran, die Rehkeule in Buttermilch einzulegen, damit sie schön zart wurde. Sie rief die Kinder herbei und sagte ihnen, sie sollten ihre Zimmer aufräumen und dann in den Garten gehen und von der mächtigen Tanne Zweige für Tannensträuße abschneiden, die sie im Haus aufstellen wollten. Die beiden Jungs schnitten kurze und lange Zweige ab, und die kleine Bettina trug sie in die Waschküche, wo sie sie zum Trocknen auslegte. Die Mutter gab den

Kindern vier kleine Vasen und eine große, in die sie die Tannenzweige stellten und schmückten. Jedes Kind durfte sich eine Vase in sein Zimmer stellen, die vierte kleine Vase war für Tante Annas Zimmer bestimmt. Die große Bodenvase schließlich wurde im Esszimmer aufgestellt.

So vergingen die wenigen Tage bis zum Heiligen Abend wie im Fluge, und am Vorabend, als die Kinder zu Bett gingen, waren sie aufgeregt, und Klaus und Bernd verkündeten, vor Mitternacht sicher nicht einschlafen zu können. Nur Bettina war müde und klagte, dass sie sich nicht wohlfühle. „Schlaf du mal“, sagte ihre Mutter und streichelte sie, „es ist sicher die Aufregung, weil morgen Weihnachten ist.“ Sie gab Bettina einen Gutenachtkuss, löschte das Licht und verließ das Zimmer.

Am nächsten Morgen erwachten Klaus und Bernd als Erste. Sie teilten sich ein Zimmer und hatten, entgegen ihren Ankündigungen, offenbar gut geschlafen. Sie hatten auch gar nicht daran gedacht zu schlafen, jedenfalls nicht sofort, sondern hatten stattdessen zunächst eine Kissenschlacht veranstaltet. Das war aber bis auf den Flur zu hören, und es dauerte nicht lange, bis ihr Vater zur Tür hereinschaute und meinte, auch wenn Weihnachten bevorstünde, sei das kein Grund, verrückt zu werden und sie sollten nun zur Ruhe kommen. Als der Vater das Zimmer wieder verlassen hatte, fiel Klaus und Bernd ein, dass sie noch Geschenke einpacken könnten, die sie für die Eltern gebastelt hatten.

Also schlichen sie auf Zehenspitzen aus dem Zimmer nach unten ins Wohnzimmer, um Geschenkpapier zu holen und packten mehr schlecht als recht ihre Geschenke ein. Es war zwar nicht Mitternacht, aber spät genug, als sie endlich schliefen. Am nächsten Morgen waren sie dennoch putzmunter. Es hielt sie nicht in ihren Betten, und sie fuhren schnell in ihre Hosen und Pullover. Klaus öffnete die Tür ihres Kinderzimmers im ersten Stock und spähte auf den Flur. Von ihm gingen alle Schlafzimmer ab, das der Eltern, Bettinas und Tante Annas. Es war alles still, niemand außer ihnen schien schon auf zu sein. „Los, komm, wir wecken Bettina“, schlug Bernd, der jüngere der beiden Brüder vor. „Wieso?“, fragte Klaus. „Wir könnten was zusammen spielen“, meinte Bernd. „Oder wir gucken, ob Mama und Papa dieses Jahr die Geschenke schon unter den Weihnachtsbaum gelegt haben.“ „Quatsch, das machen sie nicht“, entgegnete Klaus. „Onkel Hans wird den Weihnachtsmann spielen. Bettina ist doch erst sechs.“ „Stimmt“, sagte Bernd. Onkel Hans war ein alleinstehender Nachbar, der für die Familie Hambruch seit Jahren den Weihnachtsmann gab. Klaus und Bernd, neun und zehn Jahre alt, waren letztes Jahr dahintergekommen – sie hatten Hans an seinen großen, klobigen Schuhen erkannt, die im Grunde sehr zu einem Weihnachtsmann passten; Hans trug sie aber auch oft im Garten. Das ist doch Onkel Hans, hatte Bernd letztes Jahr rufen wollen, als dieser den Sack mit Geschenken im Wohnzimmer der Familie Hambruch ausleerte, aber sein Vater hatte ihn rechtzeitig stoppen können und augenzwinkernd Richtung Bettina gezeigt, die mit großen Augen auf den Weihnachtsmann schaute.

„Los, dann wecken wir Bettina“, drängelte Bernd nun erneut. Er war der Ansicht, dass die kleine Schwester nicht mehr schlafen musste, wenn er selbst wach war. „Na gut“, sagte Klaus, und gemeinsam liefen sie über den Flur zum Zimmer der Schwester, wobei sie sich keine Mühe gaben, leise zu sein. Aber die Eltern würden ohnehin bald aufstehen, und Tante Anna hatte einen festen Schlaf. Klaus drückte die Türklinke zum Zimmer seiner kleinen Schwester hinunter, öffnete sie einen Spalt und spähte hinein.

Bettina lag wach in ihrem Bett, mit gerötetem Gesicht und glänzenden Augen sah sie den Brüdern entgegen und begann zu weinen. „Was ist denn los?“, fragte Klaus verblüfft und trat mit Bernd zusammen an Bettinas Bett. „Es brennt so“, schluchzte Bettina, „und es juckt.“ „Was brennt?“, fragte Klaus. „Hier an der Seite brennt das“, sagte Bettina und zeigte auf ihre Taille. „Zeig mal, was da ist“, forderte Bernd seine Schwester auf. Sie setzte sich auf und zog ihren Schlafanzug hoch, bis Klaus und Bernd ihren Bauch sehen konnten. Links von ihrer Taille zogen sich, wie kleine pickelige Bahnen, rote Bläschen bis auf den Bauch. „Igitt“, sagte Bernd leicht angeekelt, „was ist das denn?“ Bettina schluchzte wieder, und Klaus stieß seinen Bruder unsanft in die Rippen. „Es brennt so“, sagte sie wieder, und die Brüder schwiegen einen Moment ratlos. „Das sollten wir Mama zeigen“, sagte Klaus schließlich, „vielleicht hast du die Windpocken.“ „Die hatte ich doch schon“, heulte Bettina. „Na, dann hast du sie vielleicht wieder“, sagte Bernd, immer noch etwas unwirsch. Er fand diese roten Pickel abstoßend und konnte dennoch den Blick nicht davon abwenden.

Klaus hatte das Zimmer verlassen und kam kurze Zeit darauf mit seiner Mutter zurück. „Tinchen, was ist denn“, fragte sie besorgt und stieß einen ebenso besorgten wie mitleidvollen Laut aus, als sie die Bläschen sah. „Ach herrjeh“, sagte sie und beugte sich über Bettina, um die Bläschen genauer in Augenschein zu nehmen. „Was mag das sein?“, murmelte sie. „Es tut so weh“, jammerte Bettina. „Mädchen“, sagte Bernd mit leichtem Bedauern in der Stimme, „du musst ein Indianer sein, Bettina! Indianer haben nie Schmerzen.“ Die Mutter schickte ihn und Klaus aus dem Zimmer, und dann musste Bettina auf ihr Geheiß hin den Schlafanzug ausziehen, weil Rosemarie sehen wollte, ob sich die Bläschen noch

Der Nicolaihof in Bardowick stammt aus dem 13. Jahrhundert und war im Mittelalter eine Spitalanlage.

woanders an ihrem Körper befanden. „Komisch“, sagte sie und legte Bettina die Hand auf die Stirn. „Und Fieber scheinst du auch zu haben.“

In dem Moment betrat Tante Anna das Zimmer, die Jungen hatten sie geholt. „Soll ich mal schauen?“, fragte sie, und ohne eine Antwort abzuwarten, trat sie näher heran und betrachtete Bettina, ihr Gesicht, die Bläschen und den ganzen Körper. „Und es tut dir weh“, stellte sie fest, und Bettina nickte. Inzwischen hatte auch Heinrich das Zimmer betreten, und Anna wandte sich Rosemarie zu und sagte: „Das könnte eine Gürtelrose sein. Die Bläschen sind schmerzhaft. Und das Fieber passt dazu, auch wenn es offenbar nicht hoch ist. Da finde ich schon etwas Passendes, wir hatten früher vieler solcher Patienten in der Apotheke.“ Heinrich zog die Augenbrauen hoch und meinte: „Mit solchen selbst gestellten Diagnosen sollte man vorsichtig sein. Wir sind keine Fachleute. Wir sollten Bettina lieber zu einem Arzt bringen.“ „Heinrich“, sagte Rosemarie begütigend und legte ihm die Hand auf die Schulter, „wo willst du denn an Heiligabend eine offene Arztpraxis finden? Dr. Hofmüller hier im Ort hat dieser Tage geschlossen, und die nächste Praxis ist 20 Kilometer entfernt.“ „Lass es mich doch versuchen“, warf Anna ein. „Schaden wird meine Behandlung keinesfalls und ganz sicher eher noch nützen. Nach Weihnachten können wir mit Bettina zum Arzt gehen.“ Heinrich schaute missbilligend, brummte dann aber etwas Zustimmendes und verließ das Zimmer.

Anna zwinkerte Bettina zu und sagte: „Das kriegen wir schon hin mit deinen Weihnachtsbläschen, du wirst zumindest heute schmerzfrei Weihnachten feiern können.“ Bettina schaute hoffnungsvoll und fragte: „Und wann fängst du an, meine Weihnachtsbläschen zu behandeln? Tut das weh?“ „Nein“, beruhigte die Tante, „im Gegenteil. Und ich fange jetzt gleich an, dich zu behandeln.“ Sie maß zunächst Fieber bei Bettina, das jedoch, wie sie vermutet hatte, nicht sehr hoch war. Dann frühstückte die Familie, wofür sich Anna jedoch nur wenig Zeit nahm und anschließend im Keller verschwand. Nach zwanzig Minuten erschien sie wieder im Wohnzimmer. In der Hand hielt Anna einen Tiegel aus Keramik, in dem sie eine Salbe angerührt hatte. „Komm, Tinchen“, sagte sie, „wir machen es uns in deinem Zimmer gemütlich.“ „Gemütlich?“, fragte Bettina in weinerlichem Tonfall. „Ich dachte, du willst mich jetzt behandeln.“ „Ja“, antwortete Anna, „und das kann sogar gemütlich werden. Komm!“

Sie ergriff Bettinas Hand, zog sie vom Sessel hoch, und gemeinsam stiegen sie die Treppe hinauf und gingen in das Zimmer des Mädchens. Anna setzte sich an Bettinas Bett und forderte sie auf, sich hinzulegen, auf die Seite, die nicht von den Bläschen befallen war. Bettina tat wie ihr geheißen, und Anna bettete ihren Kopf sanft in ihren Schoß. Vorsichtig schob sie den Pullover hoch, bis die erkrankte Körperpartie freilag. „Und jetzt, meine Kleine, bevor ich die Creme auftrage, werde ich deine Bläschen noch besprechen“, sagte sie. „Das hilft bei einer Gürtelrose.“ „Besprechen?“, fragte Bettina. „Willst du den Bläschen sagen, dass sie verschwinden sollen?“ „So ungefähr“, lächelte Anna. Bettina staunte. „So was kannst du? Bist du eine Hexe?“ „Nein“, erwiderte Anna. „Das Besprechen habe ich von meiner Großmutter geerbt, und es ist eine Gabe, die man nicht in der Schule lernt und auch nicht beim Arzt oder in der Apotheke. Aber nun musst du ruhig sein. Entspann dich und liege einfach ganz ruhig.“

Mit sanftem Druck begann sie über Bettinas Taille zu streichen, was erstaunlicherweise nicht wehtat, sondern Bettina sehr angenehm war. Da sie auf der Seite lag, konnte sie nur ahnen, dass Anna leise, nahezu unhörbar vor sich hinmurmelte und wisperte. Das dauerte ungefähr eine Viertelstunde. „So“, sagte Anna schließlich leise. „Der erste Teil ist abgeschlossen, jetzt kommt die Salbe drauf.“ Sie trug die Salbe auf und massierte sie vorsichtig ein. „Fertig“, sagte Anna, und Bettina durfte aufstehen. „Ich werde immer wieder mal in der nächsten Zeit mit den Bläschen sprechen und sie ans Verschwinden erinnern. Nun geh spielen und denke nicht mehr daran.“

Der Rest des Tages verging mit Vorbereitungen für das Weihnachtsfest, und der Heiligabend begann schließlich mit dem Besuch des Gottesdienstes im Dom St. Peter und Paul. Am Mittag hatte Tante Anna nochmals Bettinas Bauch eingecremt, jedoch ohne zu murmeln, und das Mädchen spürte tatsächlich Linderung. Nach dem Gottesdienst begab sich die Familie nach Hause, Rosemarie kochte Tee und schnitt Weihnachtsstollen auf. Als sie die Kaffeestunde gerade beendet hatten, klopfte und polterte es draußen vor der Haustür. „Das kann ja nur der Weihnachtsmann sein“, sagte Bernd sehr betont und zog eine Grimasse. „Los, Klaus, wir öffnen ihm die Tür.“ Die Brüder liefen zur Tür und ließen grinsend den Weihnachtsmann herein. „Sind hier denn artige Kinder?“, erkundigte er sich. „Hier gibt es nur artige Kinder“, verkündete Klaus. „Na … dann will ich das mal glauben“, sagte der Weihnachtsmann ernst und wollte gerade seinen Sack ausleeren, als Bettina schüchtern fragte: „Müssen wir denn diesmal gar kein Gedicht aufsagen?“ „Ähm … doch … natürlich“, erwiderte der Weihnachtsmann und kratzte sich den Bart. Die drei Kinder sagten brav ihr Sprüchlein auf, und endlich gab es die Bescherung.

Der Dom St. Peter und Paul, das Wahrzeichen Bardowicks, wurde bereits im 8. Jahrhundert von Karl dem Großen gegründet.

Als sie später beim Essen saßen, sagte Bettina mit einem Mal: „Es brennt gar nicht mehr, seit Tante Anna meinen Bläschen das verboten hat.“ „Verboten? Wie denn verboten?“, fragte ihr Vater. „Na, Tante Anna hat mit ihnen gesprochen und gesagt, dass sie mich in Ruhe lassen sollen“, erklärte Bettina. Stirnrunzelnd sah Heinrich zu Anna herüber und setzte eben an, etwas zu sagen, als seine Frau meinte: „Das ist doch prima, dass du keine Schmerzen mehr hast, Tinchen.“ „Wir machen nachher noch mal die Creme drauf, nicht wahr, Bettina?“, sagte Anna, und beide lächelten sich an. „Na dann“, räusperte sich Heinrich, „fröhliche Weihnachten für uns alle.“

Weitere Bücher aus der Region

... und das heißt Erika!
Geschichten und Anekdoten
aus der Lüneburger Heide
Rolf-Dieter Diehl
80 Seite, zahlr. schw.-w. Fotos
ISBN 978-3-8313-2137-7

Rund um Celle, Hameln, Hannover,
Hildesheim, Nienburg, Peine, Stadthagen
Freizeitführer
Städte und Landkreise
Knut Diers
192 Seiten, Klappenbroschur, zahlr. Farbfo
ISBN 978-3-8313-2293-0

Celle – Gestern und Heute
Rolf-Dieter Diehl, Urs Müller
72 Seiten, zahlr. farb.
und schw.-w. Fotos
ISBN 978-3-8313-2247-3

Aufgewachsen in Lüneburg
in den 60er und 70er Jahren
Annedore Meyer
64 Seiten, zahlr. farb. Fotos
ISBN 978-3-8313-1880-3

Wartberg Verlag GmbH & Co. KG
Im Wiesental 1 | 34281 Gudensberg
www.wartberg-verlag.de

Bücher für Deutschlands Städte und Reg
Tel. 05603-93050
Fax 05603-930528